Mémoire de la mer

D1513661

Francine Ségeste

Mémoire de la mer

InLibroVeritas

À Alain L.

Maison

Il n'y aura personne dans la maison, que le vent sifflant aux fenêtres et le masque nègre aux yeux fermés gardant mémoire de la mère qui vécut longtemps seule et vieille, pendant que sur le sol s'accumulait la poussière. Le masque venu d'ailleurs gardera la mémoire de sa voix, et de cette façon dont elle disait toutes choses égales, une fois noyée dans l'indifférence : "Ils sont si nombreux, ceux qui viennent après moi, comment voulez-vous que je m'en souvienne ?" Voix douce, étonnée de s'entendre au cœur de tant de silence. Geste de la main évoquant comme une marée sa postérité pourtant restreinte. Elle balayait, la main, balayait non pas les poussières qui volaient un moment puis reposaient. Balayait quelque chose d'inopportun, ce trop plein de vie, les paroles et les noms, déjà mités d'oubli.

Seul le masque noir se souviendra du désarroi de sa vieillesse. Ou les passants remontant l'avenue, ne voyant plus la lumière et lisant l'écriteau "Maison à vendre". Mais que sauront-ils de cette femme qu'ils saluaient au passage ?

La maison est très grande, toute blanche, elle a l'air étrange dans le paysage pavillonnaire, au milieu de ces petites maisons de pierres meulières typiques de la banlieue parisienne. Un architecte grandiloquent lui a donné son toit comme un chapeau écorniflé mais aux tuiles bistre de bon goût, ses deux perrons à marquise d'une symétrie désolante – l'entrée des familiers, celle de la clientèle - ses balustres et ses colombages bruns évoquant sans doute les origines basques de mon père.

C'est à son ombre que j'ai grandi, mère et maison ne faisant qu'un. Du jardin, près du tilleul encore jeune, car planté à ma naissance comme ce décor coutumier, je voyais les hauts murs couleur d'ivoire, et le regard de l'une ou l'autre femme, la mère ou la servante, me surveillant de l'intérieur. J'étais sage. J'étais l'enfant que l'on n'oublie pas, mais qui, comme oubliée, vit ailleurs, toujours dehors. Cailloux multicolores, marrons, pommes de pins ou papillons suffisaient à m'occuper. Je ne me souviens pas de mes rapports avec ma mère, uniquement de ces longues heures passées dans le jardin. Et des neiges qui l'ensevelissaient durant les hivers de la guerre.

Ma mère ne se rappelle plus l'aspect qu'avait alors le jardin et je dois lui décrire le quadrilatère de gazon, aujourd'hui pelé, aux quatre coins duquel se dressaient de légères tourelles métalliques où s'enlaçaient des rosiers disparus. D'autres, aux fleurs blanches, aux odeurs de vanille, ont survécu contre le mur et leurs rameaux géants s'étendent hardiment aux fenêtres. À leur droite, succédant à une forêt d'iris, fleurit toujours un rosier rouge qu'elle avait rapporté de son Limousin natal, après l'incendie de sa maison d'enfance. Tout cela, elle l'avait voulu ainsi, dans sa jeunesse. Je rêve parfois de ce jardin, et des roses trémières qui essaiment désormais un peu partout. Car cet espace bien rangé devient un paysage sauvage.

Elle ne se rappelle pas davantage les décors intérieurs de ces années lointaines, peut-être à peine la disposition des pièces "médicales" où régnait mon père dans une vertigineuse odeur d'éther. L'ordre ancien s'est évanoui. À quatre-vingt-dix ans, se déplaçant à grand peine, le père avait fait sa chambre du bureau où si longtemps il avait reçu ses patients, et elle l'avait suivi, dressant un lit de fortune dans la "salle à pansements" pour veiller sur lui. Quand il est parti pour toujours, elle s'est installée à sa place, retrouvant un semblant de confort. Gommant aussi l'absence, à force de gestes nouveaux n'appartenant plus qu'à elle, et de levers solitaires.

En dehors de ces récents aménagements, elle ne doit plus rien savoir des transformations qu'a connues la maison. La terrasse, dont les murets succèdent au toit juste au-dessus des pièces médicales, un univers de blancheur réverbérante où dans l'enfance j'allais rêver, est condamnée depuis longtemps et recouverte d'un infâme sol de zinc, seule réponse aux infiltrations. Dans le salon, une ancienne tapisserie a été remplacée par une nouvelle, un paysage sylvestre où courent cerfs et biches, d'une platitude affligeante. Certains tableaux ont disparu au profit d'autres toiles aussi médiocres. Le dessin de Delacroix a résisté, ainsi qu'un bronze de panthère qui trône depuis toujours sur le buffet. Quant au masque nègre, je viens de l'inventer. Rien de tel dans cet intérieur Art Déco que je trouvais sans beauté. Mais c'est l'intérieur de ma mère, celui qu'elle a choisi au fil des ans, tandis que ses cheveux blanchissaient.

La maison a mon âge, connaissance de sa jeunesse, puis de la mienne. Son savoir sur ma mère est supérieur au mien puisque voici quarante ans que j'ai quitté ce lieu. Quarante ans que j'ai perdu le contact charnel de la baignoire, des rainures des parquets, des marches d'escalier sous mes fesses d'enfant. Perdu les myriades de poussières dansant dans les rais de soleil sur le palier. Perdu l'écho que faisaient les voix dans l'escalier. Les voix surtout ! Je n'ai que de vagues réminiscences de celle de ma mère quand elle m'appelait d'en bas. Quand elle me consolait après mes chutes dans les dernières marches. Plus jamais je n'ai dormi dans une des chambres de l'étage, plus jamais ouvert ni refermé les persiennes sur le paysage et sur l'avenue que je voyais le soir quand passaient les nuages dans le ciel, quand frémissaient les acacias. Mon enfance a fui, puis, à la longue, elle a fini de me hanter. J'ai quitté pour toujours la maison de Longjumeau.

Ce n'est pas un lieu pour revenant. Depuis mon départ, je n'ose monter dans les étages, ni au grenier que, toute jeune mariée, j'ai habité. Je ne suis plus qu'une visiteuse furtive. Si j'aime revenir sous ce toit, entrer dans ce jardin, ce n'est que de jour. Dieu veuille que je n'aie pas à veiller des nuits, pas même une seule nuit, au chevet de ma mère ! Je l'extirperai plutôt de cette gangue qui fut la mienne autant que la sienne, je l'amènerai chez moi, comme une voleuse. Je l'amènerai chez moi, je lui dirai : « Petite mère, reste avec nous, loin de cette plage solitaire et de ce froid. Abandonne ces espaces qui veulent t'engloutir dans leur naufrage. »

Allons donc, j'ai beau renâcler, quand viendra son dernier soir, il faudra bien que je sois là, dans cette maison emplie de mes fantômes et des siens, qui l'entoureront pour l'appeler, placés entre elle et moi. Et je n'hésiterai pas, éclairée par ses lampes trop faibles, tenant sa main, guettant le passage de la mort. Jamais elle ne quittera sa maison que "les pieds en avant". Sa vie finira dans ces murs, dont les peintures vieillissent, perdant, comme elle, leurs couleurs de chair.

La malheureuse, assise à longueur de journée dans le salon, attend que vienne l'heure. Elle se prépare, avec lenteur mais acharnement, à quitter les lieux. À cause du danger de l'escalier, elle a dû déserter l'étage, la chambre la plus belle, où trônait le grand lit de sycomore. Celle où se sont passées ses nuits près de l'homme qui fut mon père. Les deux fenêtres qui s'ouvraient devant les acacias du jardin et les marronniers de l'avenue sont closes. L'étage n'est plus habité.

La Bretèche

La vieille dame garde encore le courage de marcher longuement, d'un pas encore alerte. Elle a parcouru les rues de la ville nouvelle, faisant un détour dans ces quartiers de Longjumeau qu'elle ne connaît pas bien. Elle se perd un moment dans le béton, ces cubes alignés, ces ruches où vivent tant de gens : « Ils ne me saluent pas », dit-elle avec dépit, se souvenant du temps où, dans la ville de trois mille habitants et dans les environs, tout le monde connaissait la femme du médecin. Puis, comme par miracle, elle a débouché dans les champs, humé la glèbe et vu s'envoler les corneilles. Ici rien ne change : tout est pareil depuis sa jeunesse. Immuables hivers, nuits précoces, les femmes debout aux portes des fermes, les ronces au long des chemins, les chiens qui aboient au passage près des baraques pouilleuses…

Elle part dans la même direction, vers un paysage de collines douces, un de ces vestiges bucoliques que dévore peu à peu la banlieue parisienne. Elle part vers Champlan, hameau voisin devenu bourgade, d'où l'on descendait pour rejoindre "La Bretèche", autrefois maison de sa belle-famille. Il est devenu impossible d'accéder à cet endroit, me dit-elle, et je n'ai pas de peine à le croire, une autoroute ayant tronçonné les vallons. La Bretèche n'existe sans doute plus, ai-je dit cent fois à ma mère obstinée. Je lui promets qu'un jour nous irons ensemble à sa recherche. Il y a peut-être un an que je lui fais cette promesse, sans l'exécuter. Qui me montrerait le chemin ? C'est une histoire si lointaine.

Disparue la petite route où jadis, en vélo, j'allais chercher le lait. Disparus la demeure et son jardin, ses fenêtres aux volets de bois bleu ciel.

La photo seule en garde l'image. Elle ne montre que le côté jardin, ce qui me laisse sans souvenir de la façade. Les vieux parents de mon père sont assis sur des fauteuils, disposés sur la terrasse : le professeur de grec et latin, si digne et retenu, lissant sa barbe ou sa chevelure argentées, la vieille dame à chignon qui fut sa jolie femme et dont les jambes maigres gantées de blanc émergent d'une robe surannée. Près d'eux, des oncles et tantes disparus, les femmes gracieuses, aux formes épanouies, aux cheveux crantés. Ma mère est là, toute jeune encore et rayonnante, avec son fils premier-né. On devine qu'elle m'attend déjà. Sur une autre photo, une voiture à pédales qu'un oncle pousse dans l'allée aux ombres légères. Y trône son fils aux boucles blondes.

Je regarde ces images, ces visages à peine connus, un passé oublié. Ils riaient et parlaient ensemble dans le jardin. C'était avant-guerre. Avant les morts en cascade. J'essaie de deviner les traits enfouis dans la demi-pénombre, scrute les regards, les destins. Sœur de mon père, la mère de l'enfant blond est morte phtisique. On m'a raconté que, déjà malade, elle s'était baignée dans un gave pyrénéen. J'imagine sa chair blanche frissonnant dans l'eau violente et verte. Personne pour lui dire de faire attention, personne pour l'enrouler dans un grand peignoir ? Où était son époux, cet homme grand, au visage rond, rieur, dont il me semble que la voix était voilée ? Le vent siffle. Elle n'écoutait personne sans doute, elle n'entendait que ce vent-là. Son regard noir, sa large bouche gourmande, mais plus encore boudeuse, le disent assez : elle a le visage de l'obstination.

Je descends de cette race-là par mon père. De la grand-mère paternelle j'ai, paraît-il, certains traits, et du grand-père le goût de la musique et des mots. De cette tante, j'ai l'entêtement, et peut-être le dédain de la mort. De ma mère, je ne tiens rien. Ni les yeux, ni les traits, ni le caractère. Je la regarde et m'étonne. Est-il possible que mère et fille soient aussi dissemblables ? Une ressemblance peut-elle se faire jour dans la dernière ligne droite ?

Le rameau paternel

Les maisons, c'était les espaces tutélaires où nos familles se rassemblaient : figures familières, aux airs de ressemblance. Des cousins proches comme des frères. Mais, tout enfant, au-delà de nos jeux et de nos parties de cache-cache, je pressentais le mystère de nos aïeux. Leur grand âge, leur histoire qui planait sur ces lieux, dans les pièces plongées dans l'ombre, dans les odeurs de la vieillesse, recouvraient notre enfance d'une traîne de silence. Pas étonnant qu'ils tiennent toujours leur place auprès de nous. Qu'ils soient là comme des piliers muets devant le temps qui file.

Le grand-père de La Bretèche avait légué ses traits à mon père, même stature, même visage long, mais je ne l'ai jamais connu que les prunelles pâlies, les cheveux blancs, portant moustaches et barbe coupée en pointe. Il avait le tempérament moins sombre que mon père, se montrant conciliant avec tout le monde, et je me souviens d'histoires qu'il nous racontait, et de ses plaisanteries volontiers grivoises, suivies d'un rire muet qui lui fronçait le nez.

Sa vie passée, je l'ignorais. Un jour pourtant, lorsque j'étais enfant, il me fit une confidence. J'étais alors dans sa maison du Pays basque, si semblable à La Bretèche. Quittant la salle commune, j'avais pénétré dans sa bibliothèque pour y lire tranquillement une vieille édition de Jules Verne. Il me surprit devant une gravure de navire. Ému soudain par cette image, il me raconta que, tout enfant, il s'était embarqué sur un bateau semblable pour venir du Venezuela en France : il n'avait alors que sept ans, mais n'était accompagné que de ses deux sœurs aînées. La famille basque avait émigré là-bas au siècle précédent, plusieurs générations y avaient vécu. Il ajouta fièrement que son père avait fondé la première imprimerie de Puerto Cabello et qu'une rue de Caracas portait le nom de la famille. Mais il se garda de toute allusion intime. Je n'ai jamais su pourquoi il avait dû venir en France sans ses parents. Homme déraciné, il ne revit son père qu'une fois, à l'âge adulte.

Ne pouvant accéder à l'agrégation du fait de ses origines, il avait enseigné les belles lettres dans un collège privé. Trophée de cette vie passée, un recueil de poèmes, publiés sous le nom de *L'amphore*. Parnassien dans l'âme, il puisait ses sources chez les Antiques : l'exergue de chaque poème était un fragment de vers grec ou latin qu'il développait en sages sonnets. Poésie élégante, un peu nostalgique, mais que je trouvais fort ennuyeuse.

Ce n'est que dans son extrême vieillesse et dans son veuvage, à la fin d'un repas bien arrosé, qu'il me dévoila d'autres pans de sa vie : il avait d'abord aimé sans espoir la fille du poète José Maria de Heredia. Plus tard, épris de ma grand-mère, il avait dû l'enlever à sa famille dans la plus pure tradition romantique.

Un couple d'enfer. Cette petite femme au regard pétillant, empli de malice, n'en faisait qu'à sa tête. Persuadée d'être douée pour les affaires, elle se fit escroquer en vendant une maison qu'elle possédait à Biarritz, puis La Bretèche. Ils se retranchèrent au Pays Basque, berceau de la famille, dans une grande maison attenante à une métairie.

L'un après l'autre, ils vinrent passer leurs derniers jours chez nous. La famille leur fit une place, ma mère les eut en charge et fut obligée de supporter le caractère difficile de sa belle-mère. Le grand-père était tellement plus facile. Inefficace, il proposait gentiment son aide à ma mère. Elle s'en débarrassait comme d'un enfant. Alors il regagnait son fauteuil dans le coin de la salle à manger, attendant l'heure du repas. Mes frères et moi, nous avions oublié le grand-père de notre enfance, celui qui inventait des histoires rocambolesques et qui nous faisait écouter nos premiers 78 tours sur un vieux gramophone. Nous étions collégiens, nous avions perdu ces relations de connivence.

Sang russe

Du côté du père, la ressemblance. Du côté de la mère, la force plus mystérieuse de l'ascendance. Que le grand-père paternel soit venu du Venezuela ne me reliait à rien, cette famille perdue n'existait pas. Ma mère, elle, avait du sang russe par sa propre mère, et cela me faisait rêver. Je me disais que j'avais un huitième de ce sang-là. Nos racines plongeaient dans une terre immense, dans un peuple dont la langue et la musique me ravissaient.

Surtout elle avait quelque chose à dire sur cette ascendance, alors que mon père ne faisait pas référence à la sienne. Elle me parlait très peu de ses parents, qui me parurent lui avoir été encore plus étrangers que les miens ne l'étaient pour moi. Ces grands-parents que je n'ai jamais connus que prématurément vieillis et délabrés, tout voûtés, cheveux blancs et sans dentiers, visages fripés, vêtus de noir, pareils d'apparence aux paysans de leurs métairies, étaient-ils nostalgiques d'une noblesse défunte, des bals de voisinages et des chasses à courre de leur jeunesse ? Quelle avait été la vie de la grande mère à moitié russe, issue d'une lignée plus aisée, parachutée dans ces contrées sauvages, pour y accoucher en série de dix enfants, dont sept survécurent ?

Muette à leur sujet, ma mère évoquait de préférence des parentés fort lointaines dans le temps et dans la lignée. Ainsi était-elle une cousine éloignée du prince Youssoupof qui avait fomenté une révolte de palais contre la tsarine et trempé dans l'assassinat de Raspoutine. Ne connaissant rien de l'histoire de la Russie, je ne retenais que le romantisme de cette révolution de palais. Un vieux Russe blanc, un oncle de ma mère, venait parfois à la maison, je me souviens vaguement de sa moustache blanche et de son accent. Peut-être même avons-nous assisté, dans sa maison de retraite fondée par l'émigration russe, à une liturgie en langue slavonne ?

Beaucoup plus incertaine et lointaine était la parenté avec la "Belle Aïssé", une esclave circassienne qui, au XVIIIe siècle, avait été vendue au Chevalier d'Aidy. Celui-ci s'en était épris au point de l'épouser et de devenir son Pygmalion : elle tenait salon comme les grandes dames de cette époque. Parente lointaine ou non, une miniature ovale représentant son visage trône depuis toujours dans une vitrine du salon.

Je ne me suis jamais préoccupée de la généalogie de cette famille, son ancienneté ne m'intéressait pas, mais ces vagues relations à des êtres hors du commun me plongeaient dans un autre monde. Le sang russe constituait à mes yeux un avantage pour ma mère, un legs précieux pour moi.

Le temps de ces évocations semble révolu pour elle. Voici longtemps qu'il n'y a plus d'histoires à raconter. Mais qui sait si les rêveries muettes de ma mère ne sont pas encore nourries de ce terreau ?

Clarté

La solitude n'est aux êtres jeunes qu'un défi. Elle leur est trop contraire, c'est un rabot où s'aiguiser, un désert où triompher. Pour la très vieille mère qui a perdu son homme et ceux de son temps, la solitude est un sol qui tangue, tangue sous elle à demeure, mais c'est son sol à elle, c'est la mer où se perdre, peu à peu, loin des rivages connus. Dans cette immensité, une aimantation se fait jour lentement. Comme ces nuits sans étoiles parce qu'il y a la pleine lune. Il n'y a que sa clarté pâle, envahissante, tellement sûre qu'elle rend fous les esprits faibles. Cette lumière qui tient lieu de tout. On sait qu'elle deviendra si forte qu'on y sera happé.

Depuis que ma mère est seule, elle appelle la mort si lente à venir. Souvent ma fille me rejoint auprès d'elle, accompagnée de mes petites-filles, quatre générations de femmes se retrouvant ainsi dans le petit salon. Autrefois elle jouait avec elles, leur racontait des histoires. Leurs visages encore enfantins, leurs tendresses, leurs rires la ravivaient. C'est à peine si elle reconnaît maintenant leurs superbes yeux noirs. Au fur et à mesure qu'elles grandissent, elle hésite à voir en elles ses arrière-petites-filles et parfois elle oublie leurs prénoms. Nos mots, nos visages autour d'elle ne font rien qu'une animation passagère, une guirlande inutile. Je sais qu'elle a dû choisir inconsciemment ce brouillard. Mais la voir ainsi reculer vers l'ombre, ne plus s'accrocher aux êtres aimés, s'absorber dans le temps de sa mort, me met en colère.

« Arrête ! », lui dis-je. Voilà notre conversation. Parfois j'essaie d'en savoir plus. Pense-t-elle qu'elle aura peur à l'heure de sa mort ? A-t-elle déjà peur ? Je n'ose le lui demander qu'à mots couverts et sa réponse est évasive. Aurons-nous le courage d'en parler, nous qui n'avons jamais échangé que des banalités ?

Un jour, elle m'a parlé du purgatoire, un passage obligé, pense-t-elle. Sottement, j'ai tenté de lui dire ce que j'en pensais. S'il existe, quoique j'en doute, un au-delà, s'il existe ce hors temps impensable et lumineux que les humains appellent Dieu, s'il existe une éternité ouverte à ce qu'ils appellent l'âme, il n'y a pas de temps possible dans l'éternité, donc pas de purgatoire. Ou le purgatoire serait-il ce passage terrible hors de notre temps, ce basculement empli de terreur ? Peut-être a-t-on accès à la plénitude de l'au-delà plus ou moins suivant l'élan de nos vies, selon sa force d'attraction sur nos vies ? Mais je penche à croire que nos vies ne pèseraient rien face à l'illumination : si par surprise il y a lumière, celle-ci est, simplement. Le reste, ce qu'on a vécu, n'est alors rien ? Un passage, un "essai", peut-être effacé. Comme une répétition ? Ou rien qu'une illusion ? À moins que cette attente d'un au-delà ne soit l'illusion majeure. Il n'y aurait rien, vraiment plus rien.

Mais, avant de me lancer dans ces considérations, je me suis tue. Une phrase ou deux, je me tais ou je souris. D'ailleurs je ne me défais pas de ceux qui sont déjà partis, comme s'ils pouvaient être une force toujours active. Est-ce seulement à cause de l'empreinte qu'ils ont laissée en nous ? Que sais-je ? Une mouche vole. Chacune retourne à ses pensées. Ma mère n'avait jamais compris mes élucubrations d'adolescente, ma peur, cette angoisse - elle avait essayé, un jour, m'interrogeant humblement, effrayée - et ce n'est pas aujourd'hui qu'elle s'y fera. Le purgatoire et le paradis sont sa vision de vieille croyante, parfaitement rassurante.

Aussi nos dialogues ne vont jamais loin, ils vont "terre-à-terre". Elle parle plus volontiers du cimetière où elle ira reposer. C'est sa façon de s'habituer. Il faut, répète-t-elle sans cesse, la mettre dans la tombe à côté de son époux, son "Jean", au même niveau. Ces corps pourris rapprochés, pauvres parents, ce furent des corps d'amoureux. Des corps avec qui j'ai à voir, des corps dont je suis faite. Ils se sont mêlés, chair et semence, dans leur sueur et leur suprême tension, et leur soulagement. Et je suis là pour répondre : "Oui, je vous mettrai côte à côte".

Pierre froide

Chaque année depuis la mort de mon père, en juin, puisqu'il est mort en juin, nous allons faire ce pèlerinage avec elle. Mes deux frères, ma belle-sœur et moi l'accompagnons en voiture. C'est tout un voyage, vers sa jeunesse autant que vers le mort. Le cimetière est perdu dans les monts boisés du Limousin, aux confins de la Creuse et de la Haute-Vienne. Terre sauvage, peu habitée, terre de rêves et de légendes pour les enfants, de misère pour les paysans. C'est l'époque où les hampes des digitales se dressent dans les fossés. Les pluies se sont enfuies derrière les lointains de saphir. L'air est si vif qu'il rend la pensée aérienne. En haut du minuscule village d'Auriat, sur un tertre, le cimetière nous attend avec sa grille rouillée toujours ouverte, et, face à l'entrée, un chemin part dans la forêt de sapins tout enténébrée, vers un étang. Mon enfance est là. Et la sienne.

Chaque fois elle s'agenouille sur la pierre froide, un granit presque violet, rongé par la mousse, elle prie une minute, regarde hébétée, puis se relève : « Il n'est pas ici, non ce n'est pas possible. » Il est écrit qu'il est bien là : "Jean Ségrestaa". Une plaque de marbre noir et lettres dorées. Nous étions toute la famille rassemblée ici, tous ceux vivant encore, y compris une vieille tante claudicante venue de loin, quand on a descendu son cercueil dans le trou, moi tenant ma mère par le bras. Le temps semblait suspendu. Mais il n'est plus là, le père, son esprit s'est évadé, il plane sur les bois alentour, sur les bruyères. Quant à la mère, la voici qui se relève, part, regarde les autres tombes, à la recherche de noms qu'enfant, elle a connus. S'en souvient-elle, met-elle des visages sur ces syllabes obscures qu'elle épelle ? Non, rien. Elle secoue la tête. Une nappe de silence hésite sur le paysage funèbre, on entend grincer la grille. Nous déposons des fleurs et repartons vers la voiture, pour revenir quelques instants plus tard, cédant à ses instances : « Je ne peux m'en aller comme ça, il faut que je reste avec lui un moment. » Ses lèvres remuent. Front plissé, elle a l'air appliqué d'une enfant. Elle doit absolument, elle doit se souvenir que ce corps est là. Ce corps, mais l'âme, mais l'amour ? Elle se relève à nouveau, titubant un peu.

Le pèlerinage continue, descente vers l'étang où nous allions dans l'enfance nous baigner, ayant franchi les champs où sifflaient les vipères, descente vers les métairies qui avaient appartenu à son père, Chaminada ou Menudier, descente vers le village et l'église qui la vit mariée resplendissante.

Coquelicot

1932. Ils étaient des mariés de l'époque. Sous le porche gothique orné de roses blanches, la photo les montre radieux et beaux. Lui, mince, brun, un peu chauve prématurément, avec cet air bon, pourtant voilé d'ombre mélancolique et séductrice, comme beaucoup d'hommes des années trente. Derrière lui, son père, humble et endimanché. Elle, et son visage d'ivoire, encadré de cheveux noirs et courts crantés sous le tulle léger, un sourire carmin malicieux formant des fossettes.

La photo n'a pas de couleurs, mais je devine ses lèvres d'alors : un rouge un peu sombre pour ses yeux bleus de prime jeunesse. Plus tard, quand vint la guerre, un rouge coquelicot fut préféré. Du moins je le vois ainsi. Parce que le coquelicot éclatait dans les champs, il s'étalait sur les robes, ces robes courtes d'où les jambes sortaient pour gambader sur de hauts talons de bois. Il était sur toutes les lèvres, ce rouge sang. Il me plaît de parler de ses lèvres, évoquant son mariage, mais furent-elles gourmandes de la vie, gardèrent-elles longtemps ce sourire mutin ? Comment savoir… Les rares photos où on la voit portant ses nouveaux-nés, mes deux frères ou moi, montrent un visage plus sévère, un peu froncé. Parfois elle esquisse un demi-sourire. Maternité fière, vigilante. Cette fille de la noblesse vouvoyait ses enfants. Il nous fallut atteindre l'âge adulte pour que, à l'exception de mon frère aîné, nous nous débarrassions de ce vouvoiement.

Aujourd'hui encore, quand elle sort, elle se poudre et se maquille avec soin. Un rouge à lèvres orangé très clair. Elle coiffe ses cheveux blanchis, colorés en blond rosé, met un béret basque, celui de son Jean, arrange soigneusement ses mèches. Elle a quatre-vingt-treize ans.

Je la mettrai dans la tombe froide à côté de mon père.

Arbre

Il y avait un arbre, un arbre magnifique isolé sur le sommet de la colline, haut dressé sur le tapis de bruyères, au cœur du Limousin. Un hêtre comme on en voit peu, étendant royalement ses branches. Ce jour-là c'était l'hiver, ou la fin de l'automne : le feuillage est tombé. Le mouvement inventif des branches n'en apparaît que mieux. Le ciel semble couvert, mais allez savoir, c'est une photo en noir et blanc, légèrement jaunie.

Sous l'arbre, un couple d'amoureux. Il ne fait pas froid car ils sont étendus sur le sol, en habits légers. Le beau jeune homme vêtu de blanc, qui a débarqué dans la vie solitaire de la provinciale, lui fait sa cour. Un jour, ils se sont rencontrés par le plus pur des hasards dans ce puits de verdure du Limousin, vingt-sept ans qu'elle l'attendait. Trois mois plus tard, il est revenu la chercher et ils se sont mariés, se connaissant à peine.

Je n'avais jamais vu cette photo avant la mort de mon père, et maintenant voici qu'elle est sur un guéridon du salon, toujours fleurie. La mère ne sait plus qui l'a prise. Elle sait simplement que ce sont eux, au début de leur amour, et que l'arbre n'est plus. L'homme non plus.

Elle ne parle jamais de cette mort qui l'a brisée, mais, à chacune de mes visites, elle ne manque pas de déplorer la disparition de l'arbre. Durant la guerre, les maquisards l'ont abattu pour faire du feu. Pourtant les fleurs renouvelées dans le petit vase sont pour celui qu'elle n'évoque plus. Sans le savoir, elle recouvre sa mort d'une métaphore. Je voudrais retrouver cette colline, je voudrais voir ce tronc coupé, s'il saigne encore.

Je l'interroge en vain : Où se trouvait-il ? À la croix des chemins ? Vers Roquebrune ou vers Chaminada ? Pourquoi ne nous y a-t-elle jamais menés ?

Petite

Elle est devenue petite, elle n'a jamais été grande. Mais légère, si légère, ce qu'elle ne fut jamais. À dire vrai, je ne me souviens d'elle qu'une fois déjà lourde. Je ne me souviens plus de son corps de femme jeune ni de son élégance modeste, ou par éclairs furtifs. Ainsi ce soir où, revenant de Paris, elle portait un joli "bibi" d'où pointaient quelques plumes. Une dépense peu coutumière. Elle eut un autre chapeau décoré de cerises dont j'admirais l'imitation, des cerises jaunes et rouges, fermes, si brillantes, plus belles que nature. Mais la grande armoire de leur chambre ne recelait guère de trésors, si ce n'est un somptueux renard argenté dont l'odeur et l'aspect me terrifiaient et que je ne lui vis jamais porter.

Des photos de l'époque, encadrées ici ou là, témoignent de sa beauté fière. Elle n'était certes pas bien grande, mais toujours dressée. Dressée comme un aigle au sommet d'une colline pyrénéenne. Sautant parfaitement de hauts obstacles à cheval. Posant sur une photo signée Harcourt, retouchée comme c'était la mode, un visage lisse savamment éclairé lui donnant un air de star. Sur son tailleur clair est piquée une rose noire.

De la jeune fille qu'elle fut, pas une photo, très peu de confidences. Je ne connais d'elle que ses folles équipées à cheval. Un cheval dont elle avait partagé l'achat avec sa meilleure amie, à l'insu de leurs familles à qui elles racontaient d'un commun accord que le cheval appartenait à l'autre. Cet amour du cheval lui restait chevillé au corps, elle l'avait communiqué à mon père. Jusqu'à ces derniers temps, elle emplissait la moindre feuille de dessins représentant son animal favori. D'un crayon léger, elle savait en croquer chaque posture, chaque allure.

Qu'importe ce monde d'hier ? Elle a sûrement décidé en son for intérieur de redevenir petite. Pour être plus légère à porter en terre. Ou pour se sentir revenue avec la taille qu'il faut dans sa chère enfance. De sa longue vie, de ses épisodes heureux ou malheureux, amours, guerres, exode, enfantements, il ne lui reste aucun souvenir. Sa seule histoire, le seul bloc de son passé qui émerge du naufrage est son enfance.

L'attente moite

Au début, cela paraissait presque normal, les images de cette enfance sauvage lui venaient en réconfort quand elle était prise d'insomnies. Elle me disait : « Je me vois avec mes frères dans la grotte de Giverzac. Il y avait au milieu de la salle une stalactite qui touchait presque terre : elle a dû aujourd'hui la rejoindre. » J'imagine qu'à longueur de nuit elle guette l'improbable goutte de calcaire en formation sur le cylindre luisant comme un pénis. Elle est là, recroquevillée dans l'attente, les heures peuvent passer, un temps plus lent a pris possession d'elle.

Cette grotte qu'avec sa bande de frères et sœurs, elle avait découverte puis explorée, était demeurée leur secret. Après m'avoir confié ces visions nocturnes, regrettant de rester seule à connaître l'endroit, elle a manifesté l'envie d'écrire à de lointains parents, propriétaires de ce domaine, pour leur confier l'accès à ce trésor. Elle ne l'a pas fait. Elle ne m'en parle plus, comme si ce souvenir avait disparu à son tour de sa mémoire.

La cheminée

De Giverzac, un autre souvenir flotte dans nos conversations. Ce château appartenant à une tante était le lieu de villégiature de la famille durant l'enfance de ma mère. Je n'en ai aucune connaissance, si ce n'est de sa cheminée fabuleuse.

La grande salle lui sert d'écrin. Le bois sombre des poutres qui sillonnent le plafond rend plus diaphanes les dalles du sol, plus arachnéennes les incrustations qui les ornent. Le mur du fond est occupé presque entièrement par la gigantesque cheminée de pierre blanche : deux colonnes se détachent dans l'encadrement sculpté de part et d'autre de l'âtre immense près duquel sont disposés deux sièges médiévaux. La dentelle gothique de l'entablement se déploie sur la paroi. Rajoutée, à mi-hauteur, entre deux écussons portant les armes de la famille, une étrange sculpture se détache en relief : un heaume de chevalier, tourné de profil, vide, sans visage figuré. Cette absence de l'effigie du chevalier paraît presque incongrue, alors que, sur les murs de la demeure, des ancêtres de toutes époques, en armure ou drapés de velours rouge, dardent leur descendance de leurs regards hautains. Du moins je le suppose, n'étant jamais entrée à Giverzac, mais c'était ainsi dans les autres maisons familiales.

Je ne connais cela que par une très vieille carte postale que ma mère a, par hasard, exhumée ces derniers mois, et qui reste échouée là, sur le guéridon. Dans ce décor sombre, la cheminée semble éclairée par une lumière d'orage. "Château de Giverzac, la cheminée". La vieille dame qui lui avait adressé cette missive à l'écriture tremblante était revenue sur les lieux pour en déplorer le délabrement. Le cachet de la poste est illisible.

La cheminée valait une fortune : elle est partie en Amérique voici déjà longtemps. Ces derniers temps, ma mère chaque jour s'en désole. Partie voguer sur l'Atlantique, la cheminée est toujours là. Il me semble que c'est dans le salon qu'elle vogue.

Cor à corps

J'apprends des choses d'elle comme une mère apprend de son enfant, apprend la forme exacte de son corps.

Cela commence un jour par la petite extrémité du corps : des cors récidivent à ses doigts de pied. Elle s'en plaint, ne peut marcher, puis elle oublie, s'habituant à la douleur, et l'infection survient. Le pédicure tient une place importante dans mon agenda. Après avoir aidé ma mère à se laver les pieds, je l'y conduis. Elle s'impatiente dans la salle d'attente : « Mais qu'est-ce qu'on fait là ? Je n'ai rien, pourquoi m'as-tu amenée chez un médecin ? » L'homme de science arrive. Elle sait soudain le but de sa visite, retire ses vieux bas épais, retenus bizarrement dans le trou de ses jarretelles par des boutons qui, libérés, s'en vont rouler au sol, et monte trôner sur le fauteuil. Ce pédicure est devenu un confident pour elle : il connaît des fragments de son enfance car il lui suffit de lancer le sujet, pour que, mise en confiance, elle parle, tandis qu'il cure le cor, ponce, rassure ou gronde. Ensuite il faudra soigner, refaire le pansement. Elle oubliera et je devrai prendre en charge les opérations.

Ces misérables pieds sont peut-être ce qu'elle a de plus précieux, ils méritent bien mes soins. Par tous les temps, ils l'emportent hors de la maison pour des promenades interminables. Dans l'après-midi longue, au silence à peine rompu par les bourdonnements d'avions, le salon qui se fane l'importune. Elle ne fait plus ses mots croisés, elle ne lit plus. Elle ne cueillera plus les groseilles, elle ne lessivera plus les nappes, les draps, ni les étendra dans la buanderie. Nul devoir ne la retient. Alors elle part. Elle fuit l'ennui qui la mine, qui la cloue sur son fauteuil, elle met les voiles. Son nez hautain dressé, elle bat la campagne jusqu'à la nuit. Parfois se perd. Une femme à qui elle a demandé son chemin sort de sa maison pour la guider, elle l'accompagne un peu dans son errance. Elle lui dit de revenir un jour, de s'arrêter chez elle pour prendre un thé. Les autres gens des villages la regardent passer. Une fois, elle est tombée par inadvertance, et revenue seule, le front en sang. Mon frère, un soir, a trouvé les volets fermés et la mère envolée. La tombée de la nuit l'avait surprise. Mais, à son retour, elle s'indigna qu'il s'en soit inquiété. L'unique raison de vivre est pour elle ce choix farouche d'indépendance. Elle préfère s'aveugler sur sa faiblesse plutôt que de vivre sous surveillance. Aussi refuse-t-elle tout accompagnement, toute sentinelle. Obstinément, elle oublie jusqu'à l'existence de l'alarme que nous lui avons donnée. Nous pouvons bien nous inquiéter, c'est en vain : elle qui, autrefois, s'est tant inquiétée pour nous n'en a cure.

Ses os sont solides, mais les vaisseaux deviennent fragiles. Les veines saillent comme des torrents à ses bras. Sur ses mains craquent de petits capillaires. Des inondations souterraines répandent leurs eaux violettes sous la peau. Parfois un œil s'injecte de sang. Un jour peut-être, cela craquera plus profond. Ce corps solide, bien verrouillé, fera ouf et laissera un orage brutal faire son ouvrage.

Ce corps d'où je viens, je ne le verrai sans doute que dans la nudité de la mort, lorsqu'il me faudra éteindre ses yeux fatigués, laver la chair glacée et l'envelopper d'un drap blanc.

Ce corps, qui m'apparaît aujourd'hui si précieux, ce corps que je fréquente si étroitement dans la douleur de sa vieillesse, en ai-je été éprise dans mon enfance ? Un seul souvenir m'est resté d'une complicité naturelle.

J'étais petite et j'étais entrée dans la chaleur de son lit, avec mon frère aîné. Une faveur exceptionnelle qui nous emplissait de délices. Un de chaque côté, nous la chahutions, cherchions sa poitrine opulente et nous riions dans le petit matin. Une explosion terrible fit trembler les fenêtres. Une gerbe noire jaillit de terre à proximité. Ma mère se dressa d'un jet, nous empoignant chacun dans un bras, puis courut se charger du petit frère endormi dans le berceau tout proche et nous fit dévaler les escaliers quatre à quatre. Les Anglais bombardaient la voie ferrée toute proche. À chaque alerte, nous nous engouffrions dans la cave qui était devenue notre seconde maison.

C'est la seule fois qu'au cours de ces bombardements j'ai ressenti sa peur. Sans doute parce que, ce matin-là, j'étais comme rivée à son corps.

L'incendie

Des épisodes de son enfance lui reviennent en houles. Elle se rappelle le jour où elle rentrait de son pensionnat de Limoges, un voyage interminable qu'elle devait finir par une longue marche. Arrivant au porche de la Baconnaille, la maison familiale, que voit-elle venir remontant l'allée ? Ses parents, chargés de malles, quittent la propriété paternelle qui vient d'être investie par l'héritier du titre et du bien, le frère aîné, l'oncle André. La famille du cadet doit se replier sur le petit "château" secondaire de La Vialle, construction récente, sans cachet, qui se trouve aux environs. La poste fonctionne mal dans ces contrées perdues, la collégienne n'a pas été prévenue.

Ah, gémit-elle, quelle dégringolade pour les parents ! Elle qui ne m'en a jamais parlé, ne cesse aujourd'hui de s'en désoler. Sans doute, le naufrage progressif de sa famille lui sert-il à masquer le sien. La Vialle, quelques années plus tard, devait être ravagée par un incendie. En pleine nuit, isolée dans une campagne profonde, la bâtisse mal aimée a brûlé des heures durant, sans secours. D'immenses flammes au fond des bois. Mes grands-parents maternels, dont les sept enfants étaient déjà partis vivre au loin leur vie, regardèrent s'en aller en fumée leur dernier bien et durent finir leurs jours dans la petite maison du jardinier.

Muets comme la tombe, ils me semblaient avoir toujours

vécu dans cette maisonnette de granit aux volets rose pâle, enfouie dans les herbes, avoir toujours cueilli les fraises du verger, et préparé les confitures dont les pots couronnaient la haute armoire. Pour marquer son respect, ou plus vraisemblablement par humour, la famille les avait surnommés la "Grande dame" et le "Grand homme". Ils étaient petits. Ils étaient pauvres. Elle est revêtue d'une robe de bure épaisse et d'un tablier sombre, le "Grand homme" s'appuie sur une canne, sa veste noire est élimée. Seul rappel de leur noblesse éteinte, sauvés de l'incendie, quelques meubles luisants, plus raffinés que ceux des paysans, et des tableaux sur les murs : femmes en brocarts ou robes sévères, mâles guerriers, nobles au regard hautain. Réunis en rangs serrés dans cet espace trop étroit.

Mon enfance ne ressemble pas à celle de ma mère, mais les deux se mêlent inextricablement Fuyant dans ses souvenirs lointains, ma mère fait remonter les miens. Que je le veuille ou non. Je lui vole sa mémoire et la tresse à la mienne. Moi, Giverzac ou la Baconnaille, je m'en fiche éperdument, les chasses à courre me glacent d'horreur, les généalogies m'ennuient, la cheminée de Giverzac je l'abandonne sans regret aux riches Américains ou aux profondeurs océanes.

C'est la modeste cheminée de la dernière Vialle, de la maison du jardinier, qui fit mes délices, surtout lorsque, au bout d'un bâton fourchu, nous faisions griller les tranches de pain noir pour les petits-déjeuners. Le régal quand, certains jours, dans ces années de guerre, nous pouvions les tartiner, avec un peu de confiture, d'une fine couche de crème fraîche. Et si je félicite mes grands-parents, ce n'est pas de leurs quartiers de noblesse, mais de leur dignité et de leur absence affichée de nostalgie.

Comment ma mère, toujours fière, peut-elle les plaindre aujourd'hui ? Elle-même s'était bien habituée à la sombre maison du jardinier, où nous nous retrouvions si nombreux durant les étés de la guerre qu'elle devait dormir dans un lit de camp installé sur le palier.

Pour moi, la grande Vialle était si belle, ainsi brûlée jusqu'au squelette. À certaines heures de pleine chaleur, quelques briques rouges tombaient des murs, déclenchant une cascade de bruits secs dans le silence. Domaine interdit où dormaient les vipères. Je me rappelle avoir joué à proximité sous trois tilleuls monumentaux formant une ombre épaisse. Avec mes frères et mes cousins, nous nous mettions à plusieurs pour ceindre de nos bras leurs troncs moussus. Je me rappelle, de l'autre bout de la prairie, tournée vers les ruines, avoir fait se lever des échos jusqu'aux châtaigneraies lointaines, comme un caillou lancé ricochant cinq fois sur l'eau profonde. Un jeu-trappe de miroirs à quoi jouent les sons pour faire gamberger les enfants.

Souvenir plus incertain, il me semble qu'une jeune bergère filait sa quenouille au bord de la prairie devant les murailles noircies et que j'aimais lui parler, mais de quoi donc ? Mystère… Que pouvait dire une bergère à une petite fille de la ville ? Elle m'apprenait une chanson, je crois. À moins que ce souvenir flou ne soit lui-même sorti d'une chanson…

Il m'est interdit de rêver à mon enfance. Je suis implantée dans ma vie d'adulte. Je voudrais laisser les souvenirs à celle qui n'a qu'eux pour survivre. C'est un petit feu lointain qu'elle active de veille en veille.

De marbre

De ce vieillard d'un autre temps, son père, dont la rudesse extrême a marqué mon enfance, la mère m'a rapporté un jour ce détail. Alors que, jeune mariée, elle s'éloignait de La Vialle, au bras de l'inconnu qu'elle venait d'épouser, elle se retourna et vit des larmes couler sur les joues du "Grand homme", resté debout sur le seuil. Elle était la dernière des sept enfants à quitter la maison, cette maison qu'elle ne reverrait plus qu'en cendres. Les yeux délavés et inexpressifs du vieillard avaient pleuré. La main noueuse avait essuyé l'eau salée, la mer de larmes qu'on ne peut empêcher de monter.

Si j'évoque la rudesse de cet homme, je fus bien plus marquée par sa souffrance. Après la mort de sa femme, il passa ses derniers mois dans la famille. Ses terribles crises d'angine de poitrine me frappaient de stupeur. Tandis que mon père accourait pour lui faire la piqûre salvatrice, je regardais, fascinée, la terreur de la mort ombrer son regard. Enfant, je rêvai, une nuit, que je lui parlais par le truchement d'un téléphone magique qui permettait aussi de voir à distance. Et tandis que je lui parlais, je le voyais pris de cette angoisse mortelle, les mains crispées sur sa poitrine, le visage torturé. Il allait mourir et, de loin, je ne pourrais rien. Ce cauchemar est le seul à avoir résisté à mon oubli de tous les autres.

Quand il mourut, j'avais huit ans. Ma mère qui ne nous avait pas laissé voir le cadavre pensa que je n'avais rien compris. Cette mort annoncée me laissait de marbre.

Tendresse

Ai-je aimé cette femme qui fut ma mère ? En ai-je été aimée, chérie ? Si longtemps, je n'ai connu rien d'elle. J'allais, désolée, comme esseulée, dans mon désert où l'imaginaire était roi. Il m'est arrivé de penser que j'étais une enfant trouvée. Les bohémiens d'un cirque ambulant m'avaient abandonnée et je rêvais de repartir sur les routes, écuyère flambante et légère.

Pourtant elle nous a chéris, sans trop le manifester, elle a dû jouer parfois avec nous. J'ai compris cela lorsque, parvenue à l'âge adulte, je l'ai vue s'amuser avec mes enfants et surtout mes petits-enfants. Des "Je te tiens, tu me tiens par la barbichette...", des rires, des complicités. Fallait-il qu'elle devienne grand-mère, arrière-grand-mère, pour retrouver la douceur de l'enfance ? Comme si la proximité charnelle n'était plus une frontière interdite, comme si le souci permanent ne freinait plus le temps de la tendresse ? Comme si seuls le vieillissement et l'oisiveté lui permettaient enfin de se rapprocher de l'enfance ?

De ces jeux complices, avais-je été privée ? Comment ne puis-je me souvenir des moments de rires, de câlins ? Il a fallu le spectacle de cette vieille dame si digne jouant avec les petites-filles pour faire remonter quelques réminiscences : des jeux de mains, des ombres chinoises sur le mur de l'enfance. De cet impardonnable oubli, faut-il accuser ma mémoire n'ayant retenu que les sévérités, regrettant les baisers trop furtifs ?

La coupure absolue que furent pour moi la pension et l'enfermement de ma jeunesse, avait-elle effacé les meilleurs moments, créant une obscure rancune ? Il ne me semble pourtant pas avoir senti grand chagrin de cette séparation qu'imposait le collège. Tout cela n'était, à onze ans, qu'un malaise diffus. Le sentiment d'abandon avait été soigneusement recouvert par le discours de la nécessité : il n'y avait pas d'établissement secondaire à moins de dix kilomètres et les transports étaient impraticables. Pour ne pas souffrir, je ne me suis crue privée que du jardin, de ma liberté. J'oubliai la chaleur du foyer, j'oubliai mes deux frères, nos complicités et nos disputes. J'avais mis un voile sur mon chagrin.

Dès lors, mon enfance n'a gardé l'empreinte que du calme olympien de ma mère, de sa tendresse distante, voire de sa sévérité, ou encore des petits surnoms qu'elle m'octroyait, en me disant bonsoir et en me faisant hâtivement un signe de croix sur le front, des surnoms faits pour me rappeler que j'étais une enfant pas docile : bonsoir 'la ratonne', la 'pécore', la 'chipie'…. C'étaient en réalité des petits mots affectueux et, si je ne les prenais pas au sérieux, c'est bien que je devais sentir une bonne dose d'amour de sa part. Du moins cette distance était-elle le revers d'une médaille dont je lui sais gré : ce n'était pas une mère étouffante.

Nos liens se tissent maintenant, à rebours du temps et de l'ascendance. Je veille sur elle, comme elle a dû veiller sur mon enfance hors mémoire. Je me surprends à des tendresses que je n'avais jamais eues envers elle. Des gestes discrets, pas d'embrassades, elle n'aime pas. De son côté, me voyant partir à regret après chaque visite, elle institue des rites étrangers à ses façons habituelles :

m'éloignant dans l'avenue, je dois me retourner trois fois et lui faire un geste d'adieu, tandis que, du pas de la porte, elle y répond et reste à me guetter jusqu'à ce que la voiture disparaisse. Pleure-t-elle parfois ? Petite et faible sur le seuil, elle pense qu'elle ne me verra plus revenir. Elle pense à sa solitude.

Depuis qu'elle est si vieille, elle fait partie de ma vie comme jamais. Je me suis mise à habiter son enfance, bien obligée, puisqu'elle ne sait que m'en parler et je l'écoute me dévider les mêmes histoires, avec plus de patience que ses autres visiteurs, comme s'il était fatal que sa mémoire des jours enfuis tapisse lentement la mienne.

Confusion

Parfois, je me rebelle. C'est lorsqu'il lui arrive de me prendre pour sa plus jeune sœur, Geneviève, surnommée Nini. Elle évoque un souvenir lointain et celui-ci devient si vif, si présent, qu'elle m'y associe. Je la regarde en souriant :

« Je n'y étais pas, je n'existais pas. Je ne suis pas ta sœur, mais ta fille !
- Ah oui, que je suis bête ! »

Elle se frappe le front et secoue la tête, désemparée. Mais je sens qu'elle a hésité quelques secondes, voulant peut-être obscurément poursuivre son erreur. La première manifestation de son naufrage mental a été ce dérapage sur les générations. En réalité, cette confusion ne date pas d'aujourd'hui, voici longtemps qu'il lui arrive de faire se chevaucher mon prénom et celui de sa sœur. Sans doute parce que je la lui rappelle, par ma taille plus haute que la sienne, mon plus jeune âge, et peut-être pour d'autres raisons que j'ignore.

On disait de Nini qu'elle avait "du chien", et j'associais cette idée à sa frange recouvrant jusqu'aux yeux un front vaste, à ses prunelles trop claires et à sa démarche un peu lascive. Une grande photo sépia la montre au bord de la mer, à Biarritz, aux côtés de ma mère et de ma tante paternelle, celle qui mourut de tuberculose, toutes trois si charmantes en robes de plage. Mon grand-père, le Parnassien, qui annotait les albums de photos de quatrains écrits de sa plume un peu tremblante sur des étiquettes, les y surnommait les "trois Grâces". Nini était la plus belle. Une séduction inconsciente, sans objet. Cette nonchalance recouvrait une forte volonté. À la mort de son mari, mère de deux enfants, elle sut réagir à une situation financière dramatique et se trouva une vocation de femme d'affaires : douée pour ce qu'une femme de cette génération et sans instruction pouvait faire, le tricot, elle lança une entreprise de mode enfantine et répandit dans le pays des bataillons de brassières, robes mousseuses et barboteuses. Cette vie, plus extérieure et active que celle de ma mère, ajouta peut-être au brouillage entre elle et moi. Mais la confusion ne devint évidente que lorsque ma mère prit la tangente vers ses souvenirs d'enfance. Nini n'avait-elle pas été le témoin des aventures pendables de la bande, la petite sœur qui regardait avec envie les aînés terribles et inventifs ? À mon tour, je devenais témoin de son récit.

Le pire fut quand ma mère fit cette méprise alors qu'ensemble nous rendions visite à cette pauvre Nini. La jolie femme était depuis plusieurs années grabataire, et voici qu'elle était presque mourante. Nous étions chacune d'un côté de son lit, ma mère lui parlait d'un épisode de son enfance, puis, se tournant vers moi, me glissa : « Toi, tu étais restée à la maison, tu étais toujours malade et trop faible pour participer à nos équipées... » Un instant, la superposition entre ma personne et cette femme mourante me parut insupportable.

Quelle entreprise de nettoyage fait l'esprit qui se délabre pour effacer la vie ! Est-ce un naufrage où les épaves secourables font défaut l'une après l'autre ? Une nage à brasses coulées pour remonter vers la source ? Comme si la mort était un court-circuit final avec la naissance.

Paroles

Magie des mots. Je lis à l'aînée de mes petites-filles les paroles folles, les poèmes insensés qu'écrivit sa mère, alors âgée de sept à huit ans. Des poèmes oubliés de tous sauf de moi, feuilles fanées dans mes tiroirs. Moi lisant, ma voix se brisant, tandis que je perçois l'émotion de l'enfant, treize ans, émerveillée de cette découverte. Je regarde ce visage dont certains traits évoquent ma fille, mais qui, comme sa petite sœur, tient de son père Algérien les yeux de braise et la peau mate. Oui, ma chérie, c'est ta mère, qui, tout enfant, a écrit ces poèmes !

Quel courant passe aujourd'hui, par l'intermédiaire de ma voix et de cet assemblage de mots étranges, de celle qui fut enfant voici longtemps à celle-ci qui en a rejailli ? Et qu'était-il passé, voici longtemps, de moi, de notre vie commune, ses douceurs et ses fracas, à ma fille pour qu'elle invente ces paroles de souffrance, de bonheur et de beauté ? Son écriture est là, maladroite, ses fautes d'orthographe, cet étrange génie des mots et des images. Une vérité violente, si violente que ma voix s'est brisée. Des bondes se sont ouvertes, la mer nous porte au loin.

Le soir, retrouvant sa mère, l'enfant lui dit ces paroles d'elle qui l'ont atteinte. Et, du coup, ma fille s'est remise à écrire. Intacte, la veine enfouie ? Ressuscitée, la magie que les soucis quotidiens étouffent si bien chez la plupart des femmes ?

De ma mère, ma mère terrienne, ma mère des fins fonds

de sa province du Limousin, rien de tel n'est venu. Pourtant cette enfance, cette verdoyance, fut son lot, plus encore que le nôtre. Elle vivait plongée dans la nature, sans mots, mais non sans trouble. Images transmises au fond même de notre chair. Nous sommes, mes enfants et moi, de l'autre versant, celui qui sait perdue l'immanence et qui plonge dans le trouble des ondes et des reflets l'épuisette du langage.

Temps présents

Je l'ai rejointe dans cette journée grisaille, mon cœur bat la breloque, elle est là si calme. Sur la route, j'ai hurlé de révolte et de douleur. La radio transmettait un reportage sur les jeunes sans abri. Interrogés dans un centre d'hébergement, deux enfants de pas vingt ans racontaient leur enfer : la dérive, les déambulations dans la nuit, le froid, la perte de liens et de repères, la tentation du suicide.

Je n'ai pas pu lui parler de cette émission, j'ai ravalé les mots de ma colère, pas pu lui dire les paroles de ce jeune qui aurait pu être mon enfant : « Il y en a qui se suicident, qui se fracassent la tête avec des bouteilles. » Se fracassent la tête. Une couronne de tessons qui s'enfoncent dans le crâne. Moi, mon Christ, c'est cela, ma mémoire sera cela. Je ne veux connaître rien d'autre. Plus de repos possible. Une telle révolte, un désespoir. Ce désespoir de tous les malheurs et des injustices du monde qui s'est levé au milieu de ma vie. Comment rester à ne rien faire, comment écrire romans ou poèmes, comment se savoir sans poids ni voix, face à la catastrophe du monde !

Et c'est devant elle aujourd'hui que mon désespoir vient buter : nous menons des vies si protégées. Cette inutilité, ce vide de nos vies qui ne savent changer le monde. Au bout du compte, en serons-nous tous là ? Avec notre paquet d'actions, de combats sans résultat.

Je pense souvent que la mère, formée par un autre

48

monde, n'a pu comprendre celui-ci, votant "bien", faisant des bonnes œuvres, se dépensant en charité. Elle a su sacrifier souvent sa tranquillité pour lutter la misère humaine, mais a-t-elle hurlé, a-t-elle dit à son Seigneur : « Comment cela est-il possible ? » Pour qui prie-t-elle, humblement, dans l'église où elle se rend presque chaque soir ? Pour les âmes du purgatoire ? Pour ceux qui vivent l'enfer sur terre ?

Pour elle qui regarde encore les infos, la télévision étant son seul rapport avec le monde, l'humanité est devenue mauvaise, et ce ne peut être qu'un effet de la déchristianisation. Il y a peu de temps, je lui disais, sans pitié pour son beau passé : « Tu as vécu deux guerres, deux hécatombes comme il n'y en a jamais eu. Au milieu de ta vie, il y a eu l'holocauste de millions de Juifs, puis il y a eu Hiroshima et Nagasaki. L'horreur a bien recouvert le siècle, ton siècle moral et chrétien, de bout en bout! » Il me semble qu'elle est passée un peu à côté de l'Histoire, à peine éraflée, priant pour les malheureux. Et, maintenant, elle ne se souvient plus trop des guerres. Le temps s'est rétréci à ce bout de temps qui l'enserre, cette fin d'un millénaire qui l'effraie. C'est aujourd'hui, selon elle, que tout va de travers : le climat s'est détraqué, il y a toujours du vent, et les hommes sont devenus fous. Pour voter, elle ira demander conseil à un homme d'église, pas à ses enfants.

Étais-je plus proche de mon père ? Médecin, il côtoyait la misère humaine. Par tous les temps et à toute heure, il partait avec sa grosse sacoche, son air Jean de la Lune, et son diagnostic d'une sûreté remarquable. Une photo le montre revêtu d'une canadienne, poussant dans la neige épaisse sa moto, une vieille teuf-teuf comme on n'en fait plus. C'était la guerre, les hivers rigoureux, le manque de carburant. Les médecins des environs avaient déguerpi en Zone libre, mais lui resta fidèle au poste. Il assura son service, fit marcher l'hôpital, parcourut la bourgade et la campagne, revenant tard le soir, s'épuisant. La mère l'attendait. Sentant vaguement son inquiétude, mon frère aîné et moi, couchés depuis longtemps, nous attendions aussi. De cela je me souviens, le bruit de la moto qui revient, le roulement de la porte métallique du garage, le soulagement qui suivait.

Le zèle et le dévouement de mon père furent bien mal récompensés : un long séjour en sanatorium lui fit perdre sa clientèle, et de bonnes âmes le prétendirent mort. Les années d'après guerre furent plutôt frugales, mais sa compétence le remit vite en selle.

Tout en craignant sa sévérité, je l'admirais pour sa rectitude, sa disponibilité à tous ces clients qui l'appelaient à n'importe quelle heure. J'entends encore les sonneries stridentes qui le dérangeaient en plein milieu des repas, en pleine nuit. Mais je découvris à l'adolescence que c'était un homme de droite, un homme qui aimait l'ordre. En mai 1968, j'étais devenue pour lui "une pierreuse".

Aéroplane

Mon père, ah mon père ! Quand remonte ma plus lointaine mémoire, tout souvenir de sévérité s'efface, car une évocation me remplit de bonheur. Il avait monté pour nous le plus merveilleux jouet qu'enfant ait jamais vu : un aéroplane bleu marine, toile fine et baguettes de bois. C'était un homme vêtu avec élégance, comme on l'était avant la guerre, mais j'ai sans doute rêvé qu'il portait ce jour-là un panama blanc. J'ai marché, la main dans sa main, jusqu'à une prairie suffisamment venteuse au sommet d'une colline proche et nous fîmes voler l'avion. On étirait un grand élastique et, quand on le relâchait, l'avion s'envolait très haut dans l'azur.

Une image certaine mais floue, tremblant dans le printemps de la mémoire, que n'a transmise aucune photo. Il était si rare qu'il s'occupe de nous. Mes souvenirs se condensent sur celui-ci. Cet homme dont je n'ai plus qu'une impression était mon père, comme par essence.

Plage

Ma plus ancienne mémoire est en vérité celle d'une femme. Ma mère ? Une autre ? Un bras de femme, un bras de chair. Cette chair sentait l'ambre, aussi sûr que le sable était sable et que la mer mouvante sentait le sel et l'iode. Le bras devait être chargé de bracelets aux tons d'orange. Des bracelets d'ambre. Il y avait aussi l'air, l'air pourpre issu du roulis de la mer qui caressait la peau, lentement.

On m'a dit que c'était un souvenir de Biarritz, et, si j'en crois une photo, je n'avais alors guère plus de deux ans. Un souvenir, cette plage immense où mouraient les vagues, où dans ce vacarme doux une voix d'homme au loin psalmodiait :"Pain d'abricot, pain !" Aucune idée de ce qu'était ce mystérieux pain d'abricot, pas la moindre idée de son goût. Un homme marchait en criant cela, le temps s'étirait sans fin. Quand on descendait vers la plage, l'océan se dressait au bout de la rue, presque aussi haut que les maisons. Une odeur folle dilatait la tête. Puis on était perdu définitivement face aux vagues, si petit, si perdu, et c'est pour cela que le temps semblait sans fin. Il y avait une douleur tamisée. Un étonnement.

Le sable n'en finissait plus de se faire chaud, de se faire chair. Il y avait une tente, des femmes de la famille étendues dans la mi-ombre chaude. Plus loin, si je ne l'ai rêvée, se dressait une étrange tente noire. Peut-être attiré par elle, mon frère est parti, on l'a perdu longtemps sur l'immense plage, organisant une battue, jusqu'à ce qu'on le retrouve le soir. Le lourd fracas des vagues, les embruns, ma mère qui me confie à d'autres, et part en courant... Un climat d'inquiétude succédant à la torpeur.

Impossible de savoir si le bras au goût d'ambre était celui de ma mère. L'odeur de ma mère ou d'une autre femme, flottant encore.

Miroir

Elle se souvient de son visage noble aux traits sûrs, et se plaint. Souffre de ses rides, de ses yeux délavés, de cette métamorphose incroyable que quatre-vingt-quatorze ans lui ont infligée. Oh, ce n'est pas d'aujourd'hui, la honte de son corps, l'épouvante devant cette fuite de la jeunesse, la fureur cachée de se friper, les plages où elle n'osait se dévêtir. Je l'avoue, adolescente, je la trouvais abîmée avant l'âge. Trop alourdie surtout. Et je ne m'aimais pas davantage, car elle n'avait su me transmettre qu'insatisfaction.

Comment lui dire que sa beauté revient sous une autre forme, que ses yeux s'agrandissent et se teintent à nouveau de ciel, qu'elle est plus proche de son être réel ?

Mais saurai-je, moi qui ne supporte déjà plus mon image, saurai-je accepter de m'avancer si loin dans ce pays des miroirs déformants ? Mon visage d'aujourd'hui me répugne parfois, trop doux pour résister au temps, trop compréhensif. Oh bien sûr, il m'est possible de flamber, de crier haut les injustices. Cette lutte ne se voit pas sur mon visage. Cette passion, sarments, feu de colère, se réfugie dans le cou, toutes cordes tendues. Elle se noue sur mes épaules trop frêles. Mon noueux cou d'aujourd'hui me déplaît. Je l'étire, le redresse, le rengorge, mais rien n'y fait. Grands dieux, préférerais-je avoir ce long col des femmes Masaï, où s'enroulent les anneaux infinis de la beauté et de la servitude ?

Je franchis des marches. Déjà je ne me révolte plus comme au début de mon déclin, quand, autour de la quarantaine, j'ai découvert ce pli qui s'affaissait au coin de mes paupières, et puis, plus tard, cet ovale qui s'alourdissait, la mollesse de la peau qui commence à trahir. Je m'habitue à lire ces défaites et ces souffrances qui s'inscrivent sur mon apparence. Jusqu'à ce qu'il ne reste rien de la fraîcheur et de la clarté de jadis ?

C'est alors que celui qui m'a aimée me rassure, je suis la même et celle qu'il aime. Je sais que, près de lui, cette misère du monde sur mes traits prend un sens. Cette obscure défaite. Pas à pas, il surprend la mort aux aguets et la débusque. Un ange passe et repasse qui efface l'agonie, ou subrepticement lui donne accès à l'infini.

Dans les yeux de ma mère, il n'y a plus cette réassurance. L'homme qui la regardait vieillir n'est plus, la laissant seule face à sa dégradation. Elle me regarde parfois avec un air tendre, implorant, que je ne lui ai jamais vu ni même imaginé. Ce regard me dit : Je passe, je passe, je m'en vais, acceptes-tu que je parte ? Ou bien : M'as-tu aimée ?

Robinet

Je dois m'occuper d'elle presque chaque jour, de ses chéquiers, de ses comptes, de ses courses. Je suis devenue son double. Une sorte de chantage inconscient s'exerce sur mon frère et moi. On me répète que je devrais la faire garder par une personne à demeure. Je le sais et souvent j'en discute avec elle, vainement et jusqu'à l'épuisement. La colère la gagne, et moi le désespoir. Des larmes me viennent. Tout ce que je peux lui faire accepter, après avoir croisé le fer, c'est une aide à domicile, deux heures, durant le temps de mes vacances. Personne ne violera son intimité, personne n'entamera son autonomie ! Je sais qu'elle ne supporterait de sentinelle autre que cette fille obstinée mais obéissante que je fus, que je suis.

Elle se plaint pourtant d'être lasse, elle l'est chaque jour davantage. Elle a marché dans sa vie au-delà de ses limites mentales. Quand j'arrive, elle m'apparaît de plus en plus petite, pâle, perdue, à tourner dans sa cuisine, à toupiner, comme elle dit, sans savoir ce qu'elle est en train de faire.

Le robinet coule sans qu'elle l'entende. Des litres d'eau s'en vont ainsi, chaque jour, doucement. Elle ouvre ses placards où s'étagent d'étonnantes pyramides de confitures, de pâtes, de conserves. Son frigidaire est empli jusqu'à la garde de denrées périmées que je dois inspecter en cachette et éliminer. Chaque matin, par tous les temps, quoi qu'on fasse et quoi qu'on dise, elle part en ville et rapporte ces mêmes provisions dont elle sait, quand je lui ouvre ses placards, qu'ils regorgent. Oubli, réflexe, peur de manquer se conjuguent devant les rayonnages des commerces. Elle s'énerve de cette manie, puis minimise : « Ce n'est pas perdu. » Mais, l'instant d'après, elle commence à s'inquiéter : « Je n'ai rien à vous donner à manger pour le déjeuner ! » Un jour, elle cherche une raison à cet amoncellement de denrées : « Ce qui est là, dans l'armoire, c'est de cette époque où il avait fallu faire des réserves... » Je m'aperçois ainsi que la mémoire de la guerre lui est restée présente, inscrite dans sa chair par la peur de la pénurie.

Le repas fini, elle regagne le salon, presque titubante certaines fois. La fatigue la cloue sur son fauteuil. L'interminable journée commence. Je sais qu'elle ne part plus aussi souvent dans ses randonnées. Le temps s'est immobilisé, un ciel gris opaque pèse jour après jour, un avril sans promesse.

Je lui dis : « Attends, le soleil va revenir, tu vas retrouver des forces. En juin, nous referons le pèlerinage annuel dans ton cher Limousin.

- Je ne bouge plus de la maison, répond-elle, butée. C'est en corbillard que je ferai ce dernier voyage. »

Parler avec les morts

Je rapproche une chaise pour être près d'elle, car l'autre fauteuil, le jumeau, celui qui se trouve de l'autre côté de la table ronde en palissandre, couverte d'une dalle de verre sous laquelle s'étalent des photos, l'autre fauteuil, c'était celui de mon père. L'un ou l'autre de mes frères s'y assoit maintenant, de même qu'à table ils s'assoient en face de la mère. Sans doute, en secret, se rappellent-ils la première fois qu'ils ont pris la place de l'absent.

Je regarde le fauteuil vide, essayant de revoir mon père. Douloureux, il étendait ses jambes sur un pouf et restait là, taciturne, recouvert d'un plaid. Je le revois comme s'il était devant moi, je vois sa tête un peu penchée en avant, son visage long et le regard sombre, ses quelques cheveux grisonnants, rares sur le sommet du crâne, et presque duveteux sur la nuque, je revois ses mains grêlées de taches brunes, et la chevalière d'or au petit doigt. Prenant sa cigarette quotidienne, là, devant nous, il plaisanterait, il dirait : « Vous êtes bien silencieuses. »

Il serait là, ma mère, il serait là, près de nous, et nous n'en saurions rien. Elle se plaint de ne plus se rappeler ses traits. D'où me vient, à moi, cette précision étonnante qui me permet de le revoir dès que je le veux ? Le revoir vieux, le revoir plus jeune. Tel qu'en lui-même.

Un jour, quelqu'un m'a demandé si je parlais avec les morts. Avec eux, pas besoin de paroles, ils arrivent là, presque à portée, flottant comme des icebergs lumineux, puis s'éteignent. On comprend alors comme on les avait aimés. Comme il est impossible de jamais les quitter.

C'est avec les vivants qu'il faudrait parler, qu'il faudrait inventer des mots menant à leur cœur. La mère lutte contre le sommeil tandis que je reste assise à ses côtés. Parfois elle plonge une ou deux minutes, profitant de ce que, la voyant fatiguée, je me tais et tourne les feuillets d'un livre. Le peu de temps que je reste, visiteuse dont la vie se passe ailleurs, me semble long. Souvenirs de son enfance ressassés, réflexions maintes fois entendues ne peuplent pas bien le silence. Comment réactiver la pensée qui n'en peut plus ? Comment, si ce n'est par ma présence obstinée, lui faire part de cet univers que n'engloutit pas son naufrage ? Si au moins je savais davantage de choses sur elle... Aujourd'hui, c'est trop tard. Tout est consommé.

Alors je vais chercher l'un de ces albums de photos qui racontent sa vie d'adulte. C'est moi qui lui rappelle les noms et les faits oubliés, un devoir patient que je lui fais faire. Elle regarde, émet ici ou là une hypothèse que je sais fausse, puis soudain la voici qui reconnaît, s'émeut.

Il me semble qu'elle regarde ces images comme d'une autre rive.

Exode

L'album de photos que je lui montre de préférence est celui de ma prime enfance qui vit les débuts de la guerre. Celui de sa vie adulte qu'elle semble avoir effacée. Elle regarde sans vraiment voir. Et c'est en vain que je l'interroge. Peut-être la fais-je souffrir à la recherche d'un passé qui ne signifie plus rien pour elle ? Et que signifie cette recherche acharnée du souvenir qui remonte en moi ?

L'annonce de la guerre, c'est dans ma mémoire floue, un hurlement des sirènes, ou le glas se mettant à sonner lugubrement dans la matinée. Qui saurait maintenant me le dire? Elle n'a pu me le confirmer. Je sais que, la nuit tombée, elle tirait les persiennes dont les interstices étaient soigneusement calfeutrées par du papier journal, puis un épais rideau. Mon frère aîné et moi partagions une chambre plutôt spacieuse dont les murs étaient tapissés de fleurs et de tulipes bleues. Une grande armoire noire contenait nos vêtements et nos jouets. De l'autre côté, un poêle à charbon installé contre le mur ronronnait, en rougeoyant dans la nuit. Le petit frère venait de naître, il dormait encore dans la chambre des parents. La nuit de sa naissance emplie d'allées et venues, de chuchotements, avait été pour nous pleine de mystère.

Je me souviens vaguement des longues attentes sur les

routes de l'Exode. Mon père était resté pour la clientèle. Seules les femmes, ma mère et peut-être une tante, prirent avec les enfants, dont mon petit frère nourrisson, le chemin de l'Exode. Une photo montre la voiture au toit chargé de bagages. Les adieux. Un officier français, le képi à la main, se tient à côté de ma tante. Est-ce un ami ? Un parent ? Un officier de passage qu'on avait hébergé ?

Coquette malgré les privations, ma mère arbore sur ces photos de l'époque, une robe bleu marine et un chapeau de la même couleur, doublé de blanc, qu'elle porte incliné. Le visage tendu, mais les lèvres rouges et les sourcils bien épilés, elle tient dans ses bras le petit frère nouveau-né aux cheveux bouclés.

En dehors de ces quelques témoignages, comment me fier à mes souvenirs mêlés d'images vues ailleurs, de films ou de rêves nocturnes ? Interminables files de voitures, de charrettes, de jour, de nuit. La cahotante traversée des villes aux petits pavés, Corbeil, Étampes et sa tour penchée, un lieu-dit la Grande Folie… Un arrêt dans une ferme pour demander dieu sait quoi : Nourriture ? Gîte ? Un biberon à réchauffer ? Sur le bord des routes, il me semble avoir vu d'étranges scènes, des femmes pleurer, des spectres de vieillards hélant les conducteurs dont les voitures, pleines à craquer, ne s'arrêtaient pas pour les charger. Je suis sûre pourtant que ma mère s'est arrêtée pour secourir un de ces êtres perdus. Une femme enceinte a-t-elle pris place entre nous sur la banquette arrière ? Ou lui avons-nous seulement donné à boire ?

C'est peut-être au cours de ce voyage que nous avons fait halte, à la nuit tombée, au château de la Brosse, dans le

Berri, chez une très vieille tante. Soudain, dans un demi-sommeil, nous avons découvert une immense cuisine avec ses fourneaux odorants et ses lumières, s'ouvrant à nous dans l'obscurité. Quelques années plus tard, nous sommes revenus dans ce château de toc dont, naïve, j'admirais les tours et les vastes détours. Nous y dormions dans des lits profonds recouverts de duvets rouges d'une légèreté inconnue. Un piano à queue me ravissait, mais les quelques notes que j'en tirais sonnaient comme des crécelles. Nous étions, ces jours-là, pris en mains par la vieille bigote, la tante Louise au visage pointu, qui nous apprenait la Bible dans des livres d'images, mais à ces lectures pieuses nous préférions de beaucoup les aventures de "Baboulifiche et Papavoine", deux personnages farfelus qui partaient sur la lune en ballon montgolfière. Mais aussi les échappées dans la prairie où régnait le jardinier Ludovic aux longues moustaches. Sa faux et les odeurs de fenaison.

De ces longs allers et retours vers La Vialle, alors en Zone libre, je garde le souvenir d'une mère toujours prête à parer au malheur, vigilante et digne. Pour elle, chargée de trois enfants, c'était sa façon de résister. Jamais elle ne laissait prise à l'angoisse, devant nous, du moins. Que de tracas au cours de ces lentes pérégrinations dans la vieille Citroën ! Le nom de La Motte-Beuvron résonne comme une menace. Ma mère a dû y affronter une panne grave, et nous avons passé une ou plusieurs nuits à l'hôtel, ignorant si la réparation serait faite un jour.

Pour certains de ces voyages, nous empruntions le chemin de fer. Je me rappelle ma frayeur quand, traversant en hâte une voie ferrée, je sentis une de mes sandales se coincer dans un rail. Une locomotive sifflante approchait sur ma droite, on aurait dit un mauvais rêve. Sans doute ai-je abandonné la sandale, ma mère étant revenue pour me tirer violemment de l'avant.

Des gens hâves se bousculaient à l'assaut des trains trop rares. Certains arrivaient avec des heures de retard, d'autres ne partaient plus. En pleine confusion, une fois encore, nous avons dû passer la nuit dans un hôtel, dans une ville inconnue, Issoudun peut-être ? Un beffroi, une tour à horloge, se dresse dans ma mémoire. Nuit d'anxiété où sifflaient les trains.

Violettes

Mon frère aîné m'a assuré que, passé l'été de l'exode, nous étions revenus à la maison de Longjumeau. Un officier allemand et son aide de camp y étaient installés, ayant réquisitionné la moitié des pièces. La coexistence forcée était difficile, honteuse. Puis vint une époque où, du fait de l'occupation de la maison, ou plus probablement des bombardements, le père nous mit à l'abri quelques jours dans une vaste demeure dont je n'ai gardé qu'une impression et que je ne localise pas. C'était dans le voisinage, dans un village sans usines, sans voie ferrée, donc préservé. L'absence du père était trop courante pour nous poser question. Nous étions blottis là avec ma mère, qui nous cachait soigneusement son inquiétude. Notre maison envahie par les soldats allemands, l'odeur de leur cuisine à base de conserves, les bruits de bottes dans l'escalier, la peur, tout cela était-il effacé pour autant ?

Épisode oublié de tous, jamais fixé sur une photo. L'unique motif qui le tire de mes oubliettes est du ressort de l'émotion : c'est ici, dans ce domaine inconnu, que, bien oublieuse de la guerre, j'ai ressenti la beauté de la nature environnante. Un bois bordé d'un mur moussu s'étendait devant la propriété et je frémissais de découvrir les violettes essaimées dans les clairières. Le vol des oiseaux dans les ramures. Mon enfance y trouva le plus sûr refuge. Et ma vie, l'origine d'une perpétuelle source d'émerveillement.

Le séjour dut être de courte durée. Les raisons de tous ces transbordements m'échappaient, il n'était pas dans nos habitudes d'interroger les parents. Nous retrouvâmes la vie d'avant, la petite école du village, les bombardements.

Le feu

Le feu ! C'est avec lui que remontent certains souvenirs de l'enfance. L'époque de la guerre était celle où prenait le feu. Et cette mémoire du feu ravive celle de mes parents : nous étions ensemble les témoins muets de ces ravages.

La forêt de Sénart, distante de quelque vingt kilomètres, était la proie d'un terrible incendie. Nous ne savions, cette nuit-là, si c'était l'effet de la guerre ou d'un accident. Nous étions montés sur la terrasse, au petit matin, encore en vêtements de nuit. Ma mère portait une chemise longue, un peu transparente, que le vent moulait sur elle. Une photo en témoigne. Ce qu'on ne voit pas sur la photo en noir et blanc, c'est que, derrière les pavillons, derrière le paysage habituel de lointains bleutés, le ciel rougeoyait furieusement, des montagnes de fumée jaillissaient çà et là comme d'un volcan qui s'entrouvre. Nous sommes restés longtemps à regarder cet enfer.

À la fin de ces années de guerre, une usine flamba dans Longjumeau. Les Allemands qui en avaient fait un entrepôt y avaient mis le feu pour ne laisser rien derrière eux. Quel attrait présentait pour nous ces incendies ? Mon père me proposa de prendre nos vélos et nous descendîmes l'avenue à toute allure pour nous rendre sur les lieux. Ayant franchi le pont sur la rivière, nous nous sommes arrêtés devant le mur de flammes. Était-ce l'émotion ? Au retour, je fis une fameuse chute de vélo. Un épanchement de synovie au genou en résulta. Comme si le feu avait fait jaillir mon sang sous la peau bleuie.

C'était vraiment la fin de la guerre : les Allemands mettaient le feu partout. Quelques jours plus tard, ils se retranchèrent sur les buttes des environs et, pour l'arrivée des Alliés, arrosèrent la ville d'obus. Mon père était parti au petit matin. Je me suis toujours demandé s'il avait pris un fusil pour rejoindre les résistants, mais jamais je n'osai poser la question. Peut-être préférais-je en rester à cette interprétation, craignant qu'il ne se soit uniquement préoccupé de soigner les blessés à l'hôpital.

Les Américains trônaient sur leur char tout autour de la place du marché tandis que les habitants en liesse accouraient pour les fêter. Me voyant le genou tout enveloppé de bandages, ils me prirent pour une blessée de guerre, et, me hissant sur un char, me donnèrent des poignées de bonbons et de chocolats.

Abîmes

Non seulement les incendies, mais les traces d'innombrables carnages… Mon père ne nous laissa pas dans l'ignorance. C'est à sa suite que je découvris les villes familières, Palaiseau, Juvisy, transformées en cimetières. Mon frère et moi, encore enfants, il nous amenait sur ces lieux dévastés, il photographiait les maisons ruinées, ces intérieurs douillets ouverts à tout vent, ces pans de murs aux papiers fleuris où demeuraient accrochées des ferrailles. Il nous amenait le long de la voie ferrée à la recherche des trouées monstrueuses creusées par les bombardements. Je ne saurais oublier. Et voici que, dans les pages de ces albums que je tourne sous les yeux de ma mère, je remets au jour ces témoins du désastre. Les photos sont restées là comme des abîmes entre nos sourires et notre insouciance d'enfants préservés.

Remonte alors un souvenir enfoui comme un clou. Peu de temps après la guerre, je fis une terrible découverte dans le bureau de mon père. Au cours d'une fouille indiscrète dans sa bibliothèque, je tombai sur un grand album qu'il y avait caché : un reportage, principalement photographique, sur les camps de concentration. Les cadavres vivants, les regards hagards des rescapés, l'empilement des corps jetés dans les fosses, l'horreur absolue. Comment mon père pouvait-il garder de telles images ? Comment les regarder ?

Est-ce à cause de cette lente angoisse de la guerre que j'eus, dans mon enfance, des migraines à répétition ? Je restais, certains jours, entre des rejets de bile jaune d'or, plongée dans un état larvaire. Il me semblait parfois que l'univers extérieur était comme caoutchouté, se comprimant puis se décomprimant autour de moi.

Garçon manqué

Toujours les photos. Ici, je suis plus grande, je serre dans mes bras une poupée portant une robe de gala, une belle espagnole que je surnommais Lolita. Durant la guerre et l'après-guerre, les enfants n'avaient que très peu de jouets, et c'était mon plus beau cadeau. Je suppose que Lolita avait été gagnée à une tombola. Sa petite tête ronde de coquette aux cils recourbés était plus jolie que celle de la grosse poupée toute bête qui l'avait précédée, et ses bras ainsi que ses fines jambes en céramique étaient d'un délicat rose pâle. Quand je la couchais, la longue robe de satin rouge l'entourait d'un nimbe glorieux.

Si belle qu'elle fût, la poupée n'était pas un jouet. Elle ne répondait d'ailleurs pas à mes plus chères occupations : grimper dans les marronniers et m'y faire oublier, ou courir après un petit lapin que je prétendais apprivoiser. Ou encore, chez une amie, refusant de jouer avec elle à la dînette, m'élancer sur sa balançoire le plus haut possible, jusqu'à toucher les hautes branches, et rire de ses cris d'effroi.

Ma mère, bien qu'elle ait regretté à ma naissance d'avoir une fille plutôt qu'un deuxième fils, s'étonnait de mon évolution et me disait "garçon manqué". L'assemblage révoltant de ces deux mots ne me choquait pas. Sans aucun doute, pour lui plaire, je voulais être plus dure à la souffrance que mon frère aîné et ne rêvais que d'aventures. Du salon, j'entendais les gamins du village dévaler l'avenue dans le grincement de chariots qu'ils se fabriquaient. Je fis même partie de leur bande, mais le plaisir de me joindre à eux me fut vite interdit.

Quelle ne fut pas ma surprise, quand m'amenant en pension, ma mère me présenta à la religieuse comme un garçon manqué, lui suggérant discrètement de me réformer. C'était une fille, une fille de bonne famille, qu'elle voulait faire de moi.

Autre fut son enfance, une vie de sauvageonne en compagnie de ses aînés : l'avait-elle oublié ? De jouets, pas question. Mais leur domaine était vaste, et leur imagination plus encore. Ils avaient décidé de faire d'une grosse malle recouverte de peau brute une embarcation pour gagner l'Amérique. Rien de plus facile : la malle, surnommée la « grosse poilue », soigneusement enduite de goudron, descendrait la petite rivière qui serpentait dans la prairie, puis elle rejoindrait un fleuve, enfin l'estuaire, et la mer s'ouvrirait à eux. Durant quelques semaines, toutes les gâteries, confiseries et biscuits, avaient été mises en réserve. Le secret ne concernait que les quatre aînés, les petits n'auraient pas su garder leur langue et ne seraient pas de l'aventure.

Las, la sœur aînée, douée d'un solide appétit, grignota les provisions. Adieu, veau, vache, cochon, couvée, en l'occurrence biscuits et réserves, et l'Amérique demeura inaccessible. Jamais ma mère ne mit les pieds sur un navire. Jamais elle ne connut l'Amérique. Les seuls voyages qu'elle fit, parvenue avec mon père à la cinquantaine, furent en avion, et la plus lointaine destination les Antilles. De ces voyages, des pays visités, elle ne garde aucun souvenir, mais l'évocation de "la grosse poilue" et de leur déception la régale encore.

La folle du logis

Je ne peux accepter cette absence de mémoire chez ma mère. Après tout, il existe une mémoire souterraine, implacable, celle des rêves. Celle-ci, la mère oublieuse l'aurait-elle gardée ? Je n'en ai jamais eu d'écho, mais il me plaît de penser que des songes viennent redessiner sa vie passée… Qu'ainsi, tout n'est pas effacé.

La géographie irréelle des rêves marque si fort notre sommeil qu'intacte, elle resurgit, des années après qu'on l'ait oubliée. Une nuit ou l'autre, on retrouve telle demeure rêvée, telle terrasse, telle histoire, comme s'il existait une continuité, une autre vie doublant la vie du plein jour. Impossible de savoir s'il s'agit de fragments de notre enfance évanouie ou de fictions. De mosaïques de souvenirs. Mais ces lieux obstinément ressuscités sont parfois plus réels et précis que ceux de la mémoire éveillée. Ce chemin bordé de talus où affleurait le kaolin m'était-il inconnu ? Ce lavoir éclaboussé d'une lumière solaire violente, d'où venait-il ?

Quand, des décennies écoulées, j'ai retrouvé avec émotion le paysage conduisant à La Vialle, l'allée bordée de sapins, ces lieux désertés et oubliés, j'ai eu le sentiment de plonger dans l'univers de mes rêves. Cet univers et le réel n'étaient pas différents. Mais le réel s'était enrichi de la nostalgie.

L'imagination joue d'une autre magie, elle emporte qui

s'y adonne très loin de la réalité. Les enfants franchissent plus aisément les frontières et, face aux lacunes qu'ils affrontent, se constituent des mondes irréels. Petite, j'imaginais avant de m'endormir de sombres histoires dont j'étais tantôt victime, tantôt triomphante. Les horreurs que je me contais mais dont je finissais par me sauver prolongeaient-elles des souffrances ignorées ? Voulaient-elles exorciser les cauchemars ou les peurs du monde à venir ? Traduisaient-elles de noires angoisses ? Mon frère aîné avait, pour sa part, à peine âgé de neuf ans, inventé une terre imaginaire sur laquelle il régnait. Il l'avait nommée La Liave, peut-être une inversion inconsciente du mot La Vialle ? La géographie en était précise, il avait dessiné la carte, les contours, nommé les rivières, les montagnes, les mers qui la ceinturaient. Il m'avait nommée reine d'une île voisine.

Les vieillards se rapprochant de l'enfance peuvent-ils retrouver ces chemins oubliés ? Quels songes emplissent les heures nocturnes de ma mère ? Qu'invente-t-elle, avant de s'endormir, pour survivre ? Je crains que ne soit tarie la source.

Comment la "Folle du logis" qui porte ainsi nos rêves et nos rêveries à l'incandescence s'étiole-t-elle à l'âge adulte ? Seuls les poètes, les artistes, la gardent jalousement, aimant déménager hors de leur vie et proposer à d'autres des visages et des paysages créés de rien. De rien apparemment. D'où surgissent les poèmes comme des évidences soufflées d'ailleurs ? D'où naissent les musiques ? Avec une telle nécessité.

Danse avec les loups

Vision de jeunesse, il me semble revivre à l'occasion d'une sortie au cinéma. Un trio d'adolescentes se rejoint à un carrefour, cheveux au vent. Dans ma banlieue, leur allure est un régal de provocation. Les coiffures afro, les maquillages prononcés, la démarche chaloupée, elles rient et se prennent par la taille, heureuses d'une escapade. Moi aussi, me voilà heureuse. J'ai toujours aimé les visages et les corps, l'impossible jeunesse, j'ai tant voulu capter, dessiner, photographier l'instantané, la beauté fugace, la grâce. Fixer les regards de ceux qui disparaissent.

Un jeune garçon plus loin louvoie dans la rue sur des rollers. Il est preste et si sûr de chaque geste, sa taille étroite ondule, ses longues jambes vont et viennent amplement, hop sur le trottoir, hop un tour autour d'un arbre. L'évitement des passants est un délice de justesse.

La vie, la vraie vie est là. Le corps habile. Une envie dévorante de vie. Tout cela me jaillit au visage, venant du dehors, comme si le ressort en était cassé en moi. L'hiver pluvieux et la compagnie de ma mère m'ont vieillie. Je n'en peux plus d'être entre deux, avec ce corps qui se rouille aux articulations, ce cou tendu vers l'avant, penché vers le bas à force de travailler ou de réfléchir, avec ce visage qui peu à peu se fane. Et pourtant cette violence qui m'agite et me porte, cette passion de la lutte, cette joie de la danse aussi, rien de tout cela n'est perdu.

Il n'y a pas si loin de la jeunesse à la mort. Il suffit de cette large aspiration pour que renaisse l'élan qui me portait.

Petite, devant la famille, j'enfilais un tutu et dansais éperdue.

Mythe fondateur

Elle aussi fut petite fille, et folle. Du fond de son enfance remonte un parfum sauvage. Aucune photo d'elle enfant ou adolescente ne nous est parvenue, mais son souvenir préféré dit davantage sur elle que toute image. Vingt fois, cent fois, elle l'a raconté. À moi, à mes enfants, à mes petits-enfants. Si sa mémoire a choisi de privilégier ces instants, ce n'est pas sans raison.

Elle leur a fait un dessin, du temps où elle dessinait encore : elle, petite, juchée sur son âne. "L'âne, mon âne Innouï, avec deux n, s'il vous plaît ! Il ne voulait pas descendre dans l'étang, mais, à force d'obstination, je l'ai fait céder." Deux pas dans la bourbe et tout s'enfonce, trou noir que trace l'eau sous le tapis de verdure. L'âne s'est dérobé sous elle, l'enfant coule. Non, la voici à la surface, elle appelle à l'aide, se débat comme elle peut. Floc, floc, glouglou. Sur l'autre rive, paniquée, la grande sœur s'acharne à ramer vite, mais une des rames se décroche et la barque se met à tourner sur elle-même sans qu'elle puisse la redresser. La noyée rit de voir cela, quel spectacle ! Nageant d'instinct comme un petit chien, elle a regagné la berge et elle rit, tout en dégageant sa chevelure des lichens.

Sa plongée dans l'eau verte et visqueuse, sa peur peut-être, elle n'en a guère parlé, mais que de broderies sur ce qu'il y avait autour, ces mille détails festifs et drôles dont elle a construit une histoire mythique, presque fondatrice, sans bien savoir ce qui lui procure un tel régal : la fête de l'incongru, la joie sardonique d'une fille qui n'en faisait qu'à sa tête, loin des parents et des conventions. La transgression allègre que le reste de son existence dut ignorer. La plongée dans la nature que la vie de banlieue et de bourgeoisie enterra si bien.

Il y avait une pluie de feuilles sur l'étang ce jour-là, les feuilles rondes des bouleaux : comme des pièces d'or pur, a-t-elle dit un jour où elle avait raconté son aventure mieux que jamais. Un joli tableau qu'elle a enjolivé de récit en récit et que ses arrières petites-filles écoutaient bouche bée, les bras enroulés autour de son cou.

« Je suis revenue sur mon âne, drapée sous une couverture dans laquelle les métayers m'avaient enveloppée. Oh j'étais fière voyez-vous, fière comme une reine. » Cette phrase, elle l'a rajoutée dans le dernier récit qu'elle leur a fait, voici quelques années, quand elle pouvait encore s'animer, se souvenir.

Il n'y a rien d'extraordinaire dans sa vie. Ni égérie d'une révolution, ni rescapée d'un Titanic, ni muse d'un Musset, ni ballerine ni actrice. Rien. Et de tout le reste, elle s'est défaite, de cette traînée de la vie enfuie, du traintrain ordinaire, des bonnes œuvres, des gens qu'il fallait saluer dans l'avenue, sur les marchés ou à l'église. Aucune mémoire, c'est si commode quand il faut se faire neuve et petite, prête à tout. Mais de cet étang où elle s'est enfoncée pour émerger, Mélusine enchantée, sans autre épée que ce rire, elle ne se défait pas. « J'étais fière comme une reine. »

Les trois petites aux grands yeux noirs l'écoutaient avec ravissement.

Autour d'une corde

Elle nous avait conduits un été à La Bourboule car mon frère souffrait d'asthme. L'après-midi, fuyant l'horrible station thermale, sa moiteur et son brouhaha, nous partions dans la forêt. L'odeur des aubiers et des châtaigniers nous lavait de l'eau salée, poisseuse. Le silence effaçait les éclats de voix, les sons honnis des halls et des corridors de céramique.

Un homme avançait à quelque distance, une corde enroulée autour de l'épaule. Il tournait autour des arbres, la tête levée vers les basses branches. Tournait, s'arrêtait, repartait plus loin. Marchant dans le feuillage élastique, nous nous approchions sans qu'il nous entende. Puis ma mère nous chuchota de nous arrêter et, de ce moment, elle s'est avancée seule vers lui. J'avais compris ce que l'homme méditait, car un soir, peu de temps auparavant, mon père était revenu, l'air sombre, de sa tournée : « J'ai retrouvé le vieux Joseph pendu dans sa cuisine. »

Je réprimai un cri tandis que l'homme à la corde se retournait vers elle. Il me semblait que les oiseaux n'auraient pas dû chanter. Elle est allée lui parler. Mais qu'a-t-elle pu lui dire ? Qu'a-t-il pu entendre ? Nous sommes redescendus ensuite sans échanger un mot. Je n'osais pas me retourner.

Bien des années plus tard, menant loin d'elle ma vie d'adulte, je l'ai rejointe dans une forêt des Alpes où elle avait emmené mes enfants en vacances. Les petits faisaient la sieste et, comme nous marchions seules dans les bois, les bois chauds, profonds de l'été et les fourrés, me sentant en confiance soudain, je décidai de lui parler de ma vie privée. Depuis quelques années, des changements s'étaient produits sans qu'elle le sache. Une lente séparation, bien cachée, douloureuse, et maintenant un autre homme. Bref, j'allais divorcer. Les mots venaient difficilement. Je savais le scandale qui s'introduisait en elle. Un silence à couper au couteau suivit ma "confession". Elle marmonna enfin : « Il aurait mieux valu que je te passe une corde autour du cou à la naissance. »

La corde de sa réprobation m'étrangla sur le moment, mais je ne m'en offusquai pas trop et je portai cette déclaration aux poubelles de l'histoire.

Bien des années plus tard, quand je la lui rappelai en souriant, elle s'indigna, protestant que j'avais rêvé. Peut-être, pour une fois, sa mémoire était-elle la plus juste ? Peut-être, après tout, avais-je rêvé. Une telle phrase était impensable de sa part.

L'encolure chaude

Le manège était rond, parois et haut plafond en bois. Les chevaux foulaient à longs galops silencieuses la sciure qui volait, rose il me semble, profonde sous leurs sabots. L'odeur de sueur animale était si sensuelle que, dans la lumière tamisée par les claires-voies haut placées, je me sentais comme dans un berceau. Le rythme chaloupé du galop me ravissait. Quand on avait galopé longtemps ou franchi les obstacles, je tapotais l'encolure chaude et suante, si ferme et ronde sous la paume, et me coulais en avant, posant les joues dans la crinière rêche. Ma mère m'avait légué sa passion.

Parfois nous partions en forêt, mes parents et moi, sans accompagnateur. Ces bois, je m'en souviens, portaient le joli nom de "Fausses Reposes". Si nous n'y prenions garde, les branches nous giflaient au passage. Ma joie devenait intense lorsque nous arrivions à hauteur des sentiers abrupts. Les chevaux le savaient : une inflexion, ils se tournaient face à la pente, prêts à jaillir. Ils aimaient ça autant que moi, fusion parfaite. Alors le buste en avant sur l'encolure, les talons sur le flanc palpitant, j'étais enlevée par le formidable coup de reins qui lançait l'animal à l'assaut de la butte. Ramassé, jaillissant, ramassé, jaillissant. Quel bonheur !

Ce furent les seuls moments de vraie joie de mon enfance, d'autant plus précieux qu'ils étaient rares. J'avais le visage en feu et mes parents se montraient fiers de moi.

Un bleu miraculeux

C'est une image perdue, peut-être inventée. Une image qui rassemble et condense plusieurs souvenirs hésitants en leur donnant une force majuscule. Il y avait une kermesse ou une foire. Peut-être une procession avait-elle eu lieu le matin même à travers la campagne ? J'ai vu dans le passé, venus de cet autre monde qui nous a précédés, tant de processions, de Fêtes Dieu, bénédictions de moissons et Pardons... Mais non, ce jour-là, Dieu n'était pas de la partie, c'était un jour païen, fait pour la rencontre du genre humain.

La fête avait lieu dans une prairie, au voisinage, il me semble, d'un village du Limousin. Sauviat-sur-Vige, ou Bourganeuf. Si je la situe dans cette région, c'est que l'instant s'est associé bizarrement aux quelques marches de pierre qui, de la cour de la dernière Vialle, rejoignaient un chemin montant vers la forêt. Mais il peut s'agir d'un tout autre lieu.

Nous étions arrivés sur un plateau où des pavillons de toutes les couleurs battaient au vent, et çà et là claquaient les toiles de grandes tentes. Sur l'étendue d'herbes hautes affluaient les foules du dimanche et du désœuvrement, tandis que des rumeurs et des fanfares passaient comme un fleuve. Le ciel était peint d'un bleu miraculeux. Quelqu'un, ma mère sans doute, m'expliquait le sens de ces choses, le sens de certains mots. Kaléidoscope, gyroscope, que sais-je ?

Une femme en grand veuvage est venue vers moi, enveloppée de voiles noirs. Son visage oblong au nez aquilin était couvert d'un tulle. La foule se creusait autour d'elle, comme l'eau sous le sillage d'un navire. Elle me prit la main, me regarda. J'appris ce qu'était la douleur.

Vieux chef indien

J'invente cette douleur en voiles noirs, pour m'habituer au jour où ma mère ne sera plus. Elle me laisse le temps, contrairement à mon père. Il est parti subrepticement, alors que je passais un week-end à Londres. Lui qui voulait s'éteindre dans leur maison, il a tourné le dos à son passé et s'est fait hospitaliser en urgence. Dernier sursaut d'espoir en la médecine ? Ou volonté de ne pas encombrer avec son cadavre ? Il avait, je pense, diagnostiqué sa fin, mais n'en a parlé à personne.

À mon retour, quelques heures trop tard, il n'était plus. La vie lui avait passé. Avait passé à travers son corps comme un vent, une poussée, oui, comme une germination, puis l'avait déserté. Il m'apparut plus grand dans sa raideur que je ne le croyais. Son visage était devenu suraigu, un masque de vieil Indien, son nez s'était busqué, l'affaissement des traits avait disparu, mais ce n'était pas le scalpel de la douleur qui l'avait sculpté ainsi, plutôt l'incroyable tension de l'attente. Il me semble que c'est alors qu'il s'est révélé à moi tel qu'il était. Aux aguets depuis si longtemps, depuis ces années de veille et de silence. Dans le salon où je passais le voir, caressant sa joue, serrant sa main, l'homme des longues douleurs se taisait. Souriait bonnement. Presque aveugle, il me reconnaissait au son de ma voix. « Ah c'est toi, ma petite Francine ? Viens là, ma poulette. » C'est ainsi que, dans son vieil âge, il lui arrivait de m'appeler, cédant à la familiarité.

Comme j'ai pleuré, à l'instant où j'ai appris qu'il était mort, comme j'ai sangloté, serrée fort dans les bras de mon amour. J'avais ce refuge extraordinaire, ce corps chaud, tendre et fort, coffre secret, puits sans fond, où je pouvais crier en silence, ouvrir les bondes, dégorger ma souffrance. Il la prenait comme un buvard, il endormait ma douleur dans le bercement de sa présence. Ma mère, elle, n'eut alors aucun refuge de la sorte. L'ai-je serrée assez fort dans mes bras, moi qu'elle avait si peu habituée aux étreintes ? Quelle tendresse maladroite ai-je pu lui prodiguer ? Je ne me souviens plus trop d'elle face à cette désertion, face à cette glissade dans l'absolue privation. Un certain désarroi, une si grande dignité. Elle répétait : « Je n'étais pas auprès de lui, l'infirmière m'avait dit d'aller me reposer, je ne l'ai pas vu mourir ! »

On est toujours seul à ce tournant. Les animaux vont mourir dans un coin. Le vieux chef indien du film *Little Big Man* s'était retiré sur une montagne pour appeler la mort qui ne vint pas au rendez-vous. Favoris du sort, certains la rencontrent au cœur de leur action. Oh, le bienheureux Molière, les partisans face aux fusils, les marcheurs dans le désert, les marins se coulant dans l'océan rageur…

Se coucher, mourir dans le lit de sa vie, "dans ses draps", ressemble à une capitulation. Est-ce cette fin qui attend la mère que le christianisme a rendue si soumise ? Ou son enfance sauvage va-t-elle être la plus forte ? Quand elle part pour ses promenades, pense-t-elle parfois pouvoir y faire la rencontre fatale ? Qui sait, tandis qu'elle dépasse les lieux habités, ce qu'elle recherche, empoignée par cette nécessité d'avancer ?

Et quand elle dit qu'elle part en quête de l'introuvable Bretèche, n'est-ce pas figure de style ? À tel point que si je ne l'y conduis pas, c'est que j'ai peur de l'autre rendez-vous.

L'ordre naturel

Jusqu'à ce jour, il ne m'était jamais venu à l'idée d'écrire sur la mort de mon père. Pour quelle raison, au sujet de ma mère, ai-je entrepris ce journal ? La perte progressive de sa mémoire qui m'obsède comme une perte plus affreuse encore que la mort brutale du père ? Sa liaison plus forte avec la maison ? Les premiers mots que j'ai écrits un jour, sans avoir idée de ce qui suivrait, étaient sur la maison, symbole même de cette lente dévastation qu'elle subissait... J'étais seule, en voyage, en attente dans un café, à Limoges précisément, tout à fait par hasard près de sa terre natale, et ces mots sont venus, comme lorsqu'on regarde la houle de la vie, lorsqu'on s'embarque et que l'on pense au naufrage inéluctable.

Il y a sans doute d'autres raisons. J'avais moins à dire sur mon père qui, comme beaucoup de pères, demeurait un peu un étranger. Ma mère est, plus que lui, liée à la mémoire des origines. Je lui suis attachée par l'amour d'un berceau commun. Ce qui résonne le plus fort du fond de mon enfance, ce qui lui a donné ce parfum sauvage, c'est l'ancrage de sa famille dans le Limousin. Les étendues de bruyère où nous courions, les forêts ténébreuses dont, par enchantement, nous ne pouvions sortir, les granges où nous nous enfoncions dans les collines croulantes de blés... Une sorte de mystère permanent. C'est bien de cela qu'en parlant de ma mère je voulais aussi parler.

Nos étés au Pays basque, dans la maison des parents de mon père, n'avaient pas la même tonalité que celles passées dans la Creuse, avec l'arrière-plan de guerre, la fascination des étangs profonds. Elles ne me faisaient pas naître à l'imaginaire. Rien n'y a jamais fait jaillir l'émotion qui allait nourrir mon regard sur le monde. C'étaient seulement des vacances joyeuses, la proximité de la métairie, avec ses moissons et ses fenaisons, le char à banc traîné par deux bœufs. Il y avait aussi la rivière verte au bout du champ de maïs, et je ressens encore sa boue tendre sur laquelle glissaient les pieds, j'entends les cris et les rires des cousins, je revois ma mère sur les bords nous surveillant. Il y avait encore les parties de pelote basque et les fêtes du 14 juillet avec leur bal populaire où j'allais avec ma cousine. Des temps légers, trop insouciants pour être emplis de questions et de rêves.

Tout cela n'est encore que raisons superficielles. C'est sans aucun doute un lien charnel, plus profond, quoique bien oublié, qui a fait de moi l'escorte attentive de cette femme qui s'en va tout doucement vers sa mort. De sa perte, je me fais la chroniqueuse, parce qu'avec elle, c'est une partie de moi qui meurs. C'est comme une présence de la mort dans la vie qui se fait de plus en plus réelle et que je dois intégrer. Peut-être, bien qu'appelant depuis longtemps la mort, ma mère ne résiste-t-elle maintenant que pour me faire cheminer vers la fin inéluctable ? Et, si je n'évoque ici que les ancêtres disparus, est-ce seulement par pudeur vis-à-vis des vivants, ou pour d'autres raisons ? Pour qu'ils l'entourent dans ses derniers instants ?

Sa mort me devient familière. Elle est dans l'ordre naturel, comme le sera la mienne. Elle ne me scandalisera pas comme les morts brutales, ou suicidaires, quand la Faucheuse nous enlève des êtres jeunes. De ces adolescents partis hors de saison et que j'ai aimés, il ne me revient pas de parler : la blessure est au cœur de leur mère. On entend hurler à n'en plus finir cette blessure. Elle ne peut se mettre en mots. On reste muet comme tombe. Dépassé par le scandale. Ou le mystère.

Chemin des chiens

Le "Chemin des chiens" prenait en face de la grande maison de Longjumeau. Bordé d'un talus d'herbes folles, il s'enfonçait dans la déclivité, puis continuait droit, pas très large, desservant de modestes masures, la plupart précédées d'un jardin potager que fermait un grillage. Enfants, quand nous y jouions, nous dévalions cette première pente. Je la revois souvent dans mes rêves. Avant de l'emprunter, on regardait au loin les collines boisées, à peine habitées, et sur leur ligne d'horizon de somptueux couchers de soleil rendaient songeur.

Aujourd'hui c'est une route. Au long du ruban de macadam, s'élèvent des pavillons neufs, souvent cossus, coquets, avec leurs jardins fleuris à l'excès et leurs arbres splendides. Pourquoi n'ai-je jamais emprunté cette voie depuis mon départ, durant quarante ans de ma vie ? J'avance à petits pas, tenant le bras de ma mère, et je m'étonne. Elle, en revanche, passe ici à chaque promenade, presque chaque jour jusqu'à ce dernier été où la fatigue a raison d'elle. Un rayon de soleil, et soudain, forçant son inertie, je lui ai dit que je l'accompagnais.

Plus un chien n'aboie sur ce parcours. Seule la mémoire appelle ici ou là, faiblement. Dans la monotonie des constructions clinquantes, je remarque une minuscule maison ancienne, aux murs roses décrépis, dont je me souviens vaguement. Les rideaux en dentelle trouée montrent que l'habitant n'est pas jeune, j'imagine une pauvre, très vieille femme, vivant seule. Surprenant mon regard, ma mère m'assure : « Je venais ici, dans le temps, sans doute pour y porter des journaux, des papiers de la paroisse. » À la maison suivante, elle réitère : « Ici, on m'a fait monter par cet escalier, je devais apporter des journaux. » Plus loin, la même assurance. Tout au long du trajet, elle ne semble en quête que de sa mémoire, une mémoire ravivée. Ou trompeuse ?

« Ici, on m'a fait entrer dans une salle, des hommes buvaient un verre autour d'une table. Ils ont été très aimables. » Cette maison est si neuve, comment ferait-elle partie de son histoire ? Mais l'histoire n'a plus de contours, il lui arrive de soutenir qu'elle reconnaît des lieux qu'elle n'a jamais pu voir. Son imagination refait le temps. Fertile et têtue, elle s'enlace à ses souvenirs, c'est un autre temps qui plante ses petites racines dans le grand arbre déraciné.

À moins, me dis-je, que la vie ne soit un éternel retour ? Ce sentiment de déjà vu m'a parfois étreinte dans ma jeunesse, et seule la longue expérimentation du quotidien m'en a délivrée.

Enfin nous avons quitté les routes goudronnées pour un sentier boueux. D'immenses champs s'étendent de chaque côté, scandés au loin, dans la brume, de bouquets de peupliers. Par là-bas, s'élève La Bretèche, jamais atteinte. Nous n'irons pas. Je sais qu'elle marche parfois jusqu'au bout de ce champ, elle le voudrait, mais je la sens fatiguée et le temps me presse. Nous rebrousserons chemin, nous referons en sens inverse le trajet de l'aller, elle butant à cause de ces chaussures qu'elle ne veut pas changer, et se plaignant de devoir remonter sa gaine qui ne tient plus à la ceinture.

Quelques personnes nous saluent au passage, surprises de me voir lui donner le bras. Sans doute l'ont-elles vue souvent avancer là, dans son halo de solitude, avec cet air fier et humble à la fois, rameutant ses souvenirs.

Confidence tardive

Un pan de sa vie d'adulte lui est revenu. Du moins pour la première fois m'en a-t-elle fait part. Que sait-elle encore dont elle ne parle pas ?

Nous descendons notre avenue, autrefois bordée de marronniers géants, aujourd'hui d'arbres encore rachitiques, hêtres rouges et pommiers du Japon, le décor le plus banal des villes modernes. Je lui donne le bras depuis peu, ce qui m'émeut. C'est en arrivant sur l'ancienne place du marché, qu'au lieu de la traverser en diagonale pour se diriger vers les commerces de la Grande rue, elle me fait contourner, me confiant : « Maintenant je fais toujours ce détour. Tu vois, cette petite maison, c'est là que nous avons vécu nos premières années de mariage. »

C'est la bâtisse la plus délabrée et la plus sale que l'on puisse voir aujourd'hui dans tout Longjumeau J'imagine qu'à l'époque, la maison était plus coquette, bien que la ville ait été vétuste dans ces temps lointains, alternant de très humbles boutiques et des fermes où mugissait le bétail. Mon père avait donc installé son cabinet médical au fond de cette petite courée, et ma mère, jeune mariée, avait dû s'habituer à ce dur changement de décor jusqu'à ce qu'ils aient fait construire la grande maison au moment de ma naissance. Jamais elle ne m'avait désigné l'endroit exact.

C'est aujourd'hui que ce souvenir se fait présent, si pressant, qu'elle ne cesse de repasser devant ce lieu. Elle s'y accroche. Et moi qui la croyais dépourvue de toute mémoire de sa vie adulte !

Pour moi, cette place du marché recouvre de tout autres souvenirs. Je descendais l'avenue en sautant sous chaque marronnier pour essayer d'en attraper les feuilles, puis j'arrivais devant "l'école de Mademoiselle Janvier". Je rêve parfois de l'escalier sombre aux marches de bois usées à force d'être piétinées et lessivées à l'eau de javel. La porte s'ouvrait sur une grande pièce plongée par d'épais rideaux dans la pénombre, c'était le salon de Mademoiselle Janvier. Je n'ai jamais su d'où lui venaient les étranges statues indochinoises qui occupaient les consoles, jamais nous n'avons fait que passer dans cet endroit, gagnant vite l'unique salle de classe. La Demoiselle, à moitié paralysée par une poliomyélite, volumineuse, enveloppée d'une blouse grise, parlait en postillonnant, mais menait avec autorité la bande de quinze élèves, tous niveaux réunis. Assis autour d'une grande table ovale recouverte d'un tissu violacé, nous récitions à tour de rôle nos leçons en chantant. L'encre dans laquelle nous plongions nos plumes sergent-major était aussi violette. Les meilleurs élèves devenaient imbattables dans toutes les matières, cependant que les cancres avaient leur lot de coups de règle sur le dos, et parfois voyaient leur cahier voltiger sur la place du marché.

Lorsque la sirène hurlait pour l'annonce d'un bombardement, ”M'zlle” nous rassemblait contre le mur le plus solide, fermait les volets, et nous faisait chanter la Marseillaise.

Cette place que nous arpentons aujourd'hui, ma mère et moi, n'est plus qu'un parking, depuis qu'un marché couvert a été construit cent mètres plus loin. C'est un lieu sans âme. Nous y passons comme deux ombres, et le regard n'est retenu par rien. Je cherche vainement le porche vermoulu de la petite école, tout est refait à neuf, repeint. Et la mercerie voisine, un antre empli de rubans, de dentelles, de boîtes de boutons, de tiroirs aux innombrables bobines de fil, a disparu, comme presque toutes les merceries.

Dans mon enfance, sur cette place se tenait, le mercredi et le samedi matin, un merveilleux marché en plein air. Les bâches bariolées, tendues dès l'aube au-dessus des tréteaux, les étalages tentateurs, même si l'offre était bien plus restreinte que sur nos actuels marchés où viennent affluer les richesses du monde entier, les appels des vendeurs, la foule des chalands, toute la vie du village palpitait là. Ombres et lumières, senteurs et brouhaha. Je sais que je tenais la main de ma mère, elle me tirait d'un étalage à l'autre, elle prenait le temps d'examiner les denrées, de parler aux connaissances, je me serrais contre elle. C'était une femme forte.

Dorénavant la place du marché s'enrichit pour moi de sa mémoire à elle, une mémoire d'un temps où je n'existais pas encore. Chaque fois que je l'accompagne, nous faisons ce court pèlerinage à une étape de sa vie. Un léger espoir de voir encore se lever en elle les vieux souvenirs me fait désormais reconsidérer les choses autrement. L'oubli n'a pas tout enseveli.

L'image déménage

Tu brûles ! disait-on, lorsque les yeux bandés, les mains tendues, j'avançais à la recherche d'un objet. Peut-on s'arrêter de chercher lorsqu'on a commencé à brûler ? Je sais qu'il me faudra trouver la Bretèche, je l'ai presque frôlée bien qu'une magie l'ait tenue dérobée.

Un ciel inespéré en cette arrière-saison nous a emplies, ma mère et moi, d'un désir d'invention. C'est une journée sans défaut, de celles où les aïeux et les anges peuvent apparaître à un détour du regard, où l'amour peut basculer dans l'extase, sans prévenir. Est-ce pour cela ? Est-ce à cause de ma voiture que je pense douée pour déjouer l'entrelacs des autoroutes et les viaducs ? J'assure à ma mère que nous allons retrouver La Bretèche. C'est facile, ne se dressait-elle pas près de la rivière ?

Je trouve des lacis de routes et de sentiers où je me hasarde puis fais demi-tour, vingt fois, puis une "rue du moulin du bas" incapable de nous mener à un moulin, des pentes qui nous rapprochent de la rivière, jamais vue, à peine en vie, ver de terre qui se tortille dans la glèbe, la noire petite rivière, l'Yvette où je me baignais enfant, ruisselet caché derrière ses rideaux d'arbres, honteux.

Ici pourtant, à un détour, le cours d'eau s'est dévoilé, un pêcheur l'a trouvé avant nous. « Nous ne voulions pas,

Monsieur, troubler votre rêve et d'ailleurs ce n'est pas le lieu que nous cherchons, excusez-nous. »

Je trouve, à côté de la rivière, un long mur encadrant un jardin public où le soleil enflamme des hêtres rouges, puis, empruntant un sentier au hasard, je frémis : ce toit d'ardoises peut-être... Mon cœur palpite, il devait être ainsi, le toit, un toit de maison bourgeoise émergeant des arbres, je reconnais cette émotion qui précède la reconnaissance d'un lieu perdu. Mais ce que je trouve là, ce sont des hangars, des camions, une entreprise de déménageurs, les "Déménageurs bretons". Qu'ont-ils à voir avec notre vie ! Je me suis trompée et je m'en vais en marche arrière, profondément déçue.

Enfin je trouve un cimetière, dans un chemin de terre, au bout des champs du village. Là, j'arrête ma voiture parce que trois vieux et une vieille sont plantés devant la grille comme s'ils m'attendaient. « Excusez-moi, connaissez-vous une maison qu'on appelait autrefois La Bretèche ? »

Non seulement ils la connaissent, mais ils se souviennent : les grands-parents aux cheveux blancs, et leur fils, le médecin qui les soignait si bien. « Il a sauvé ma fille de vingt ans, il accourait à toute heure... » Le plus vieux m'annonce aussi, car il connaît l'âme humaine : « La maison, vous serez déçue, ce n'est plus l'image que vous en avez. Elle est toujours là, mais entourée de hangars. » Il me révèle que je suis passée à côté. C'était derrière l'entreprise des déménageurs, près de la rivière. « Remontez au village, prenez à gauche après l'église, la rue du moulin du bas, puis la rue x, et la rue y... » Je l'écoute, et pourtant ma pensée doit être ailleurs, je ne retiens rien. Ma pensée est occupée par ma mère, qu'a-t-elle ressenti à l'évocation de mon père ? A-t-elle compris qu'on parlait de lui ? Se rappelle-t-elle que nous cherchons la Bretèche, a-t-elle encore envie de la retrouver ? Ne s'agit-il pas de mon envie à moi ?

Je ne lui demande rien. J'irai, j'y fonce tête baissée. Trois fois de suite les rues sont en sens interdit et m'empêchent d'avancer. C'est étrange, je ne retrouve plus le fil, comment j'y suis venue, l'image a déménagé, happée par le néant, je tourne dans les rues de ce village et dans la campagne qui la cerne. Je bats la campagne. Et de nouveau la rivière et son pêcheur, de nouveau le haut mur du jardin, mais le sentier qui conduisait à la maison, je l'ai perdu.

Son nom

Garder l'image. Le nom surtout. Puisque le nom seul résiste. "Stat rosa pristina nomine, nomina nuda tenemus", La rose ancienne résiste par son nom. Nous ne gardons que des noms nus.... Cette phrase, reprise d'un auteur ancien par Umberto Eco, dit tout sur la disparition des images. Sur le besoin d'écrire.

Garderai-je l'image de cette si vieille dame, si fragile, mais encore si digne ? Ses rides où se cache la mémoire des choses qu'elle n'a pas dites. Ses yeux qui ont perdu leur but. Sa démarche vaillante et vacillante. L' image de la mère jeune et belle ne remontera-t-elle jamais ?

Garderai-je son nom ? Élisabeth, surnommée Béthou par Jean comme par ses proches. "Maman" était son nom. Je ne l'ai guère prononcé, car très tôt, nous, ses enfants, nous l'avons affublée d'autres surnoms, doux et menteurs, de plus en plus cajoleurs, loin de la solennité de ces deux syllabes, en sorte que je n'ai plus jamais dit Maman, sauf un jour, un cri plaintif à un instant où j'ai cru mourir.

La garderai-je en moi comme la petite fille d'un grand âge que j'ai longtemps veillée pour l'empêcher de mourir, ou comme la femme dont je suis sortie alors que je n'étais qu'un point d'interrogation ? Qui a bercé l'autre ? Qui a sucé le lait de l'autre ? Maman, qu'est-ce que j'étais pour toi ? Y avait-il quelque chose, de chair et de sang, entre nous, dont nous n'avons pas gardé mémoire ?

Et quand je pense à cela, c'est ma fille et mes fils que j'appelle au chevet de ce que je serai un jour. Vous ai-je assez pétris d'amour ? Que sommes-nous les uns pour les autres ?

Qui est la morte ?

Elle est devenue très malheureuse. Un désespoir sans fond, sans mots. L'impression d'être perdue en mer. Perdue simplement. Finies les histoires de l'enfance ou d'ailleurs, ces miroirs aux mille facettes, perdu le calendrier où s'égrenaient les myriades des jours. Il n'y aura plus de souvenirs, ni les siens ni les miens. Nous ne les évoquerons plus. Seule la tyrannie des heures continue de se faire sentir. L'instant règne, elle subit sa présence satanique.

Je la sais très malheureuse.

Elle dit à mon frère aîné qui veille sur elle quand je suis loin : il faut prendre des nouvelles de Nini. Ne sachant pas qu'elle dit peut-être ce nom en pensant à moi, il lui rétorque : « Mais voyons ! Vous savez bien que Nini est morte depuis trois ans. » Elle acquiesce. Mais qui sait ce qu'elle pense : cette Nini, la morte, est-ce sa sœur ou sa fille ? Est-ce elle-même qui ne vit plus qu'en inertie ?

Et voici que, deux mois plus tard, le nom de Nini n'évoque rien pour elle. Ni sa soeur ni moi. Le nom de ses enfants se perd parfois. Je n'y peux rien. Je ne sais pas quoi faire. Elle ne cherche plus à vivre. Elle ne fait plus, malgré le beau temps, malgré ses jambes alertes, ses longues promenades. Va-t-elle survivre ainsi des années, engloutie dans cette perte étrange ? Allons-nous souhaiter que vienne sa mort pour ne pas la voir noyée ?

Je ne la conduirai plus en Limousin. L'été s'est fané sans qu'on ait parlé de ce voyage.

Placenta

Les guêpes, en cette fin septembre, dans un débarras sous les combles, ont installé leur nid : nid géant qui rongeait le bois des charpentes et que deux pompiers sont venus enlever. Difficilement. On n'arrache pas sans mal une vie de l'espace qui l'abrite.

Ma mère n'avait rien vu, mais il y avait une pluie de guêpes qui venaient mourir sur les marches de l'escalier. J'ai monté les deux étages que je ne franchissais plus jamais depuis ma jeunesse. Ce jour-là, je me suis souvenu de ce que j'avais vécu dans ce grenier, une autre vie, une étrange parenthèse. J'étais mariée et je logeais là, dans cet espace étroit, une maison de poupée. Quatre ans pour un couple si jeune, c'était comme une enfance, un début du monde. Ces murs-là, blancs, inclinés comme des ailes, ont été un berceau pour mes premiers bébés, un lieu clos de bonheurs et de douleurs. Il y avait un homme et une femme, encore des gamins, qui inventaient leur vie, et un, puis deux bébés, venus si tôt. D'autres vies dont il fallait prendre soin. Les langes, les couches, l'odeur du lait. L'amour qui attendait, qui soupirait, qui s'en allait déjà sur la pointe des pieds. Je me suis souvenu et j'ai fermé les yeux. Il faisait chaud. Le bois craquait comme un corps fatigué.

J'arrive sur le palier du grenier. La porte du débarras : le nid est là, énorme, comme une grappe, un gâteau blanc collé contre la poutre où cent guêpes bourdonnent.

Le décollage m'a fait mal. Deux pompiers ont emporté la chose enveloppée dans un plastique, comme un placenta.

No Memory Land

Ce n'est pas un récit car il n'y plus de temps ni d'histoire. Même le passé, je ne peux plus le ressusciter. Nous sommes entrés dans un No Memory Land, une grande lande fouettée de vents venus d'autres planètes dont on ne sait rien. Il s'agit, plutôt que de bourrasques, d'un long courant d'air continu qui fait le vide patiemment, et l'on s'aperçoit que toute la vie n'a été que ça, sans répit et sans halte. Où sont les arbres plantés çà et là, les rires et les ruisseaux de tendresse ? Dieu sait où sont partis les éphémères bâtiments où s'égrenaient les heures rythmées par les travaux ?

Les événements n'arrivent pas jusqu'ici, me dit-elle, "ça" se déroule ailleurs, kaléidoscope de guerres et d'inondations, fracas de foules et de trop de discours papillotant sur le petit écran, sous ses yeux incrédules. Les noms des pays sont perdus, existent-ils seulement ? Même ceux qu'elle a visités sont engloutis dans le brouillard. « Je veux bien le croire, semble-t-elle dire au speaker, mais tout ça… »

Ce n'est pas comme autrefois, quand le vieux crieur public tambourinait sur son tambour au coin de l'avenue, annonçant d'une voix terne et forte les arrêtés du maire, les fêtes foraines et les foires, ou les morts de la nuit. On pouvait y croire. Les porches des maisons endeuillées se revêtaient de tentures noires. On rentrait dans ces maisons endolories, parlant à voix basse. On aidait les voisines et leurs enfants malades. Il y avait eu le tocsin annonçant la déclaration de guerre, puis le bruit des bottes, bruit haï, dans l'avenue, remontant violemment jusque dans la maison. Il y avait eu les bombardements, les obus de la Libération, les fanfares des Quatorze juillet… Le temps avait de ces pulsations.

Ce n'est même plus comme dans les longues saisons que ma mère partageait avec mon père, quand il lui tendait une partie du journal à l'heure du café et qu'ils prenaient l'un et l'autre l'unique cigarette de la journée. Dans leurs deux immuables fauteuils disposés de part et d'autre de la petite table ronde, ils parlaient peu. Ma mère se plongeait dans un mot croisé, laissant à l'homme le soin de gérer les affaires courantes. De telles habitudes peuplaient les jours de la retraite de mon père. Il projetait les films de leurs voyages, il leur arrivait de changer le tissu de leurs fauteuils, de parler des événements du monde. La vie s'était peu à peu rétrécie, mais ils en avaient encore la maîtrise.

Dans un aujourd'hui sans saisons ni jours, inexorablement la maison se dégrade. La maison tangue comme un vaisseau démâté. Le petit salon voué à l'inutilité ne retient rien, les miroirs et les plats d'argent ont perdu leur éclat, les objets mêmes ont perdu leur usage, la mère ne sait plus ni les ranger ni les retrouver. Elle s'est résignée aux fissures, aux tuiles déplacées qui laissent en silence goûter l'eau dans le grenier, aux toiles d'araignée incongrues, aux taches sur les murs, et les balcons comme la longue barrière de bois brun du jardin peuvent bien s'effondrer par pans entiers. « La maison durera bien autant que moi », répète-t-elle.

Jamais elle ne sait ni le jour ni le mois, et, bien qu'on lui ait offert une grande horloge marquant les jours de la semaine, elle passe devant elle en oubliant son existence. Juillet s'en vient, s'en va, puis août et voici septembre, octobre et ses vents fous, sans qu'elle sache ni en quel mois ni en quelle année la vie se déroule. Le jardin devient triste, sans entretien, elle n'arrosera plus ses fleurs interminablement, les soirs d'été. Je sais qu'elle mange, quand je ne suis pas là, dans une vieille assiette ébréchée, et par fatigue n'ouvre pas souvent les volets.

Seul dans la journée l'estomac se souvient des heures, n'oubliant pas un repas, et dans la nuit son cerveau qui s'obstine et bute sur la pente du sommeil. Mais ce sont des heures lourdes et lentes, infiniment pareilles, lame après lame, et des réveils sans projet.

Beauté du monde

Le silence a tout envahi, comme un brouillard, une ouate qui l'isole doucement. Douleur évanouie. De ses yeux étonnés, elle nous voit arriver sans nous avoir entendu pousser la porte ou sonner sans espoir. Parfois, le temps d'un colin-maillard, le temps de dire ouf, de dire dieu sait quoi en son for intérieur, on dirait qu'elle ne nous reconnaît pas. Puis, se relevant du silence, se souvient qu'il faut dire : ah c'est toi !

Oubliant souvent son appareil auditif, elle n'entend plus les avions qui, décollant d'Orly, nagent au ras des marronniers et projettent leur lourde croix d'ombre sur la pelouse et les groseilliers. La vue toujours aiguë, elle remarque pourtant leur traîne blanche. Elle voit aussi les cimes des arbres balancées par des vents violents qui n'existaient pas autrefois, et se plaint de ces tempêtes. Elle guette encore, par le rideau soulevé, les rares passants arpentant l'avenue aux heures des trains. Elle remarque la laideur qui envahit le paysage. Elle déplore ce qu'est devenu l'ancien Chemin des chiens, maintenant bordé, d'un côté, par un énorme panneau publicitaire et, de l'autre, par une bâtisse prétentieuse flanquée d'une tour.

Je lui dis alors : « Te souviens-tu de ce paysage de collines bleutées le soir, devant nos portes ? » Et là, dans le jardin, saisie par l'air pur, j'hésite, je pourrais presque lui demander : As-tu jamais, depuis ton enfance, marché pieds nus dans l'herbe ? Cette envie d'enfance que j'ai toujours, l'as-tu encore ? Pourquoi perdons-nous contact avec l'herbe douce et la terre ou les cailloux dans les mains ? Puis je pense à ce contact qu'elle retrouvera bientôt, ce contact avec la poussière qu'elle ne sentira plus mais où elle se résoudra. Et je me tais.

Parfois elle voit aussi les roses blanches qui, en ce mois d'octobre, explosent encore sous sa fenêtre, et s'extasie sur la beauté du monde qu'elle veut quitter.

La trappe

Il fallait une fin. Il y a toujours une phrase, un geste, une petite chose en trop qui alarme la Parque vigilante. Pour cela, encore fallait-il que l'hiver fût venu.

La maison de la mère recélait sa mort. Il était écrit qu'un soir, elle descendrait dans ses entrailles, empruntant, malgré nos recommandations, cet escalier dangereux, sans rampe et mal éclairé. Seule, elle descend dans le sous-sol, vérifie la chaufferie, puis entre dans la buanderie. La fenêtre bâille sur la nuit glacée. Pour l'atteindre, si petite maintenant, il lui faut monter sur un banc qui traîne là. C'était le piège qui l'attendait, il basculera.

Sa tête a heurté la pierre noire du lavoir. Elle reste longtemps, gisant entre deux sommeils, entre deux douleurs. En une nuit, dix ans sont passés sur elle, un tel vacarme, un tel gouffre de silence. Les dix ans qu'a duré cette nuit, elle était seule, le sang tout autour d'elle. Parfois inanimée ? Parfois consciente ? Nul ne le saura. Mon frère ne l'a trouvée que le lendemain. Quand il vint au matin, il lui fallut le secours des pompiers pour forcer la porte. Il l'a trouvée dans sa cuisine où elle s'était traînée. Elle gisait couchée sur le sol carrelé, dans une flaque de sang. Étendue à terre, cheveux ensanglantés. Froide comme un glaçon. Le regard vide. Ouvrant grands ses yeux noyés de vide. Puis les refermant violemment. Impuissant, il a regardé ce visage qui s'affaisse sur le brancard, ces bras qui battent l'air. Il est trop tard pour tout.

Elle quitte sur une civière la demeure assassine. Plus jamais n'y retournera. Plus jamais ne s'en souviendra. Elle s'absente absolument, emportée loin, dans l'immense parenthèse finale.

Survivra dans l'hôpital anonyme. Affaiblie sourde, enserrée dans ses draps blancs. Le peu de mémoire qui lui restait s'échappe de son cerveau commotionné. Je lui donne à manger, je fais tout pour que vive celle qui s'en va d'elle-même. La berce comme un bébé. Elle est à jamais seule. Où est la mort ? La compagne attendue.

Les traces

Il faut comprendre. Reconstituer. Nous étions quelques jours après la grande tempête. C'est au tout début de ce nouveau millénaire qu'elle est tombée. Que cherchait-elle en pleine nuit dans ce sous-sol ? Quel froid, quelle inquiétude l'avaient poussée à descendre ?

C'est nous, ses enfants, qui l'avons laissée se fracasser. Nous, les assassins par omission. À chaque pas, nous aurions dû la retenir. Deux fois dans la journée, mon compagnon, puis moi, tour à tour nous étions venus vérifier que la chaufferie marchait et la rassurer. Mais la nuit, plus personne ne veillait sur elle. Le fils aîné, le seul à passer régulièrement des week-end dans la maison triste, n'était pas venu ce samedi soir. Elle se devait d'être seule. Seule parce que c'était l'heure ?

Nous n'y sommes pour rien. C'est la maison qui l'a attrapée pour l'assassiner. Cela, nous le savons. Il y avait des traces. À la suite d'elle, à la suite de mon frère, j'ai pris l'escalier du sous-sol pour voir à mon tour. Elle avait dû descendre parce qu'il faisait froid, si bizarrement avant le dîner, descendre tout en bas dans ces entrailles où gronde la chaudière. Une dernière inspection pour la vérifier ? Le chat avait dû s'enfuir par la fenêtre de la buanderie, c'est une fenêtre petite comme un soupirail mais, comme elle était restée ouverte, la bise sifflante s'engouffrait dans tout le sous-sol. Pour atteindre le battant, au-dessus de la pierre du lavoir, la mère est

montée sur un petit banc. Personne pour lui crier : NON !
Crier : Attention ! Cet objet insignifiant l'attendait là,
depuis si longtemps, pour basculer sous ses pieds et
l'envoyer dans le paradis.

À côté du banc renversé, le sang avait fait une grande
tache : elle a cherché à l'essuyer d'une vague serpillière.
Elle a pu remonter pourtant, elle a décroché le téléphone,
geste vain : elle ne se souvenait plus de nos numéros, ni
de l'alarme que nous lui recommandions de porter sur
elle. Alors, elle est tombée à nouveau devant le
combiné : là encore, du sang a coulé. Elle ne pouvait plus
appeler personne. Le téléphone est resté décroché…

En suspens

Elle résiste à tout depuis si longtemps. Elle est restée, comme une épave, perdue, si loin de nous, si loin de tout. Si faible. Un mois d'hôpital, avec parfois le délire, parfois le sourire, ce sourire rapide de qui reconnaît, peut-être, dans un brouillard. De qui sait sa fin proche. Un jour, sur ce lit d'hôpital, elle m'a dit, comme par distraction, son refus de mourir. Mais ce sont de courts éclairs dans une raison perdue. Sait-elle seulement qu'elle est à l'hôpital ? Jamais plus elle n'a parlé de sa maison, jamais plus de son chat. A-t-elle oublié ? Après l'horreur absolue de cette nuit, a-t-elle fermé la porte de sa maison pour toujours ? A-t-elle pris son parti de rester en suspens ? Comme un enfant.

Au bout d'un mois d'hospitalisation, comme elle insistait pour aller aux toilettes, je lui ai fait faire quelques pas, tenant sous les aisselles ce corps léger, mais chancelant. Elle met difficilement un pied devant l'autre, les croisant presque parfois, s'accroche à n'importe quoi. L'équilibre est perdu définitivement. Soudain elle s'est arrêtée devant le lavabo, s'y agrippe. Que voit-elle dans la glace, à l'arrêt brusquement ? Quel visage de vieillarde ? Le mien est à côté d'elle, tout bête, et je ne sais rien dire à ce visage qui se contemple pour la première fois après ce mois qui était comme un océan. Regard fixe. Terrible. Gorgone se médusant elle-même. S'est-elle reconnue ? S'est-elle désolée ?

Moi, je veux garder son visage, garder ce visage aimé des derniers temps. L'immortaliser en moi. Une heure durant, chaque jour, je la regarde. Ses sourcils si fins - les épilait-elle autrefois ? - levés en accent circonflexe sur le front vaste et bombé, qui s'est ridé de cent plis réguliers. Ses yeux si bleus quand elle les rouvre, passant de l'innocence de l'enfant à l'inquiétude. Le nez hautain de la vieille noblesse. La peau d'ivoire aujourd'hui jaunie, cireuse. Les lèvres minces, parfois sévères, parfois souriant avec acuité, mais les ai-je jamais vues rire, comme on dit "à gorge déployée" ? Cette bouche, l'ai-je jamais vue s'ouvrir ? Mais les cheveux, la vie de ses cheveux ! Ses cheveux qui furent noirs et qu'avec l'âge, elle a fait teindre en châtain puis en blond rosé, toujours si bien coiffés, les voici blancs et longs, ils jaillissent avec force de son front, puis retombent de part et d'autre du visage. Geyser.

Le corps, je le tiens, je le porte, je n'ignore plus rien de ce corps délaissé : seins desséchés, fesses vides qui ont mal, je n'ignore plus rien. Maman, je pleure de toi.

Divagations

Elle divague durant ces journées d'hôpital. Ce sont des vagues, très loin de tout rivage, ces lentes et fortes poussées de dessous l'océan qu'on ne sent plus tant elles font partie de l'embarcation. Elles ne se retournent pas, elles vous élèvent, vous enlèvent, et vous font retomber dans leur gouffre comme une noix vide.

« Tu as des oiseaux sur la tête, des oiseaux morts », me dit-elle un jour.

Puis une autre fois, la main serrée convulsivement sur un rien, qu'elle me tend avec insistance, impatience : « Tiens, voici ton ticket de quai. » Je la regarde, atterrée. Sommes-nous sur le point de nous quitter ? Est-ce que ce sont ses dernières paroles ? Désormais la pensée de sa mort ne me quitte plus. Mais j'en suis sûre, son mutisme recouvre un torrent de mots. Tout cela s'enfouit en elle, mais rejaillira. Il me semble impossible que sa voix disparaisse.

J'imagine qu'elle va défier les enfers. Lorsqu'elle sera sous terre, dans cette boîte silencieuse, avec sa mémoire blessée, lorsqu'elle sera là, abîmée, muette, recouverte de poussière, quand elle aura tout à fait cédé à la montée de la solitude, ses souvenirs d'enfance vont battre des ailes, toutes les folies vont se mettre à bruisser, à pousser comme une vigne vierge, une forêt vierge, enflant de seconde en seconde. Les paroles insensées, les regards jamais perdus, jailliront d'elle, tout cela gambergera par-dessous terre, poussant des cris et des rameaux entremêlés. Toutes ces voix étouffées, palpitantes, insistantes, qu'on devrait entendre quand on dort à même le sol.

L'escale

Est-ce encore possible ? Il y eut un moment radieux. Je rejoins mon frère auprès d'elle dans la maison de retraite où elle végète, au milieu de cent têtes blanches, des pauvres femmes surtout, pour la plupart encore plus inertes qu'elle.

Mais, pour la première fois depuis de longues semaines, elle est sortie dans le parc. Mon frère et elle sont assis sur la terrasse, elle sur une chaise roulante. Il a dû lui dire : voilà ma sœur qui arrive, et tous deux me font signe de loin, de si loin, leurs têtes dépassant de la balustrade de pierre. Ce regard, ce signe me disent soudain que sa petite barque est remontée à la surface de l'océan !

J'accours. C'est un temps exceptionnel et je ne m'en rends compte qu'à ce moment. Une journée chaude, vibrante, ensoleillée en cette fin d'avril, le lendemain la tempête soufflera. Mais ce jour-là devait être ouvert comme un paradis pour que nous gardions l'image d'un pur bonheur.

Elle est recouverte de son manteau de vieille dame digne, auréolée de sa chevelure blanche. Face aux arbres dénudés, au parc qui se déroule en contrebas, elle sourit sans désemparer. Un sourire un peu figé, tenant la pause pour un dernier tableau. Mon frère me raconte qu'il a poussé la chaise roulante par le chemin qui plonge au fond de la pelouse, tout en bas, vers le petit étang dont on aperçoit le rond de mousse vert clair, et jusqu'à la prairie où elle a pu voir trois chevaux. Elle ne s'en souvient déjà plus, mais le bonheur est là, tout neuf, elle irradie.

Pendant deux heures, dans cette île étrange, elle a souri, entendu chaque parole, et parlé presque comme autrefois. C'était une escale inattendue, elle était debout, pied-à-terre, à regarder l'étendue du monde et à s'en séparer.

Le parc interdit

La maison de retraite avait été choisie en partie pour la beauté de son parc. Je voulais qu'elle en profite. Mais son état s'aggrave. Quand revient l'automne, elle ne sort plus. Le parc ne sera pas pour elle. La chaise roulante est parfois tirée sur la terrasse, bien abritée par une aile du bâtiment, mais elle ne regarde plus. Parfois je lui fais remarquer le chaton, ou l'un des chiens de la directrice, ce qui ne lui arrache pas même un sourire. Je ne lui fais plus enfiler son manteau, gestes trop compliqués, je ne fais que l'en recouvrir soigneusement. Un quart d'heure passe comme une éternité. Il faut la remonter dans sa chambre. Une jolie chambre où j'ai installé certains de ses objets, dont l'ancien crucifix d'ivoire sur velours pourpre et cadre mouluré qui était accroché au-dessus de leur lit de Longjumeau. Mais le sait-elle ?

Quand on la couche, la panique s'empare d'elle, la peur de la chute ne la quitte plus, elle s'accroche désespérément aux barreaux de son lit ou à mon bras, et me regarde, emplie d'effroi. C'est comme un navire chahuté dont elle craint de tomber. Puis, quand je dois repartir, le même regard chargé de peur. Une supplique muette. Le remords s'installe en moi.

Tous les deux jours, je pars en voiture pour la rejoindre. J'entre dans la salle à manger où, quand je viens, on l'a déjà installée comme une reine, alors que d'ordinaire la nourriture lui est donnée par des mains étrangères, dans la salle attenante où se trouvent les vieillards les plus invalides. Des anciens, que je salue au passage, me font signe qu'elle est là, dans son fauteuil roulant, tout au fond de la salle. Une table ronde, nos deux couverts. Elle me reconnaît, semble-t-il, puis oublie ma présence, pliant et repliant obstinément le bord de sa serviette comme elle faisait autrefois pour préparer un ourlet. D'où lui vient ce geste mécanique, lui sert-il de refuge contre l'angoisse ? Quelle angoisse la taraude, dont elle ne peut rien dire ? Par ce geste obstiné, referme-t-elle un à un les jours de sa vie comme on replie un éventail ?

Dans la grande salle à manger s'affaire le personnel de la cantine, ainsi que les auxiliaires de vie, d'une patience angélique, apaisant les querelles mesquines et les inquiétudes. Un grand Africain, plein d'un dynamisme généreux, va d'une table à l'autre, taquine une vieille femme, toujours la même, qui s'emporte contre le service ou contre la nourriture, d'une voix rogue. D'autres vieillards nous font des sourires entendus. Sans doute envient-ils ma mère d'être ainsi souvent visitée par sa fille ou son fils. Parfois la coiffeuse a pris soin d'elle, ses cheveux blancs sont coupés et soigneusement mis en plis. Je la félicite, elle me regarde, étonnée, ne comprenant pas ou voulant peut-être me signifier que cela a bien peu d'importance.

Plus tard, dans l'hiver, il nous faudra lui donner à manger comme à un enfant. Nous ne saurons même plus si elle sait qui nous sommes. Elle n'entend plus. Son appareil auditif est régulièrement en panne, car, oubliant ce à quoi il sert, elle le met dans sa bouche. Plusieurs fois je le fais réparer. Puis un jour, il disparaît. On ne le retrouvera que deux semaines plus tard. Trop tard, elle s'est emmurée dans le silence. Des signes nous font reconnaître ses moments de lucidité. Parfois grâce à une phrase, curieusement sortie de son mutisme. Parce qu'à mon frère aîné qu'elle avait toujours vouvoyé, elle a dit soudain : "Vous avez les mains froides". Parce qu'à moi qu'elle tutoie, elle a dit : " Bonjour, toi". Émus, nous nous rapportons ces phrases émergées du naufrage.

La signature

Parfois, après avoir visité ma mère, je quitte l'autoroute sur le chemin du retour pour aller voir la maison de Longjumeau. Je trouve étrange qu'elle soit toujours là, toujours semblable. Mais la porte et la barrière de bois brun sont de plus en plus déglinguées, des mauvaises herbes, aussi hautes que moi, ont envahi tout le terrain, y compris les allées. Je me sens en terre étrangère. Quand je pousse la lourde porte d'entrée et la referme derrière moi, le silence m'étreint. Dans la lumière orange du vestibule, j'hésite à avancer. Cette maison n'est déjà plus la nôtre. J'ouvre un moment les persiennes et les fenêtres, regarde les fauteuils vides, erre comme une âme perdue.

Des voisins m'ont un jour appelée, ayant remarqué qu'à l'arrière de la maison, le vitrage du perron donnant accès à la cuisine avait été brisé. Craignant la présence de squatters, je n'y suis entrée qu'accompagnée par la police. De fait, les volets et la porte de la cuisine ont été forcés, et le sol est jonché de carreaux cassés. Mais personne ne semble avoir séjourné là, et rien n'a été dérangé. Le voleur qui s'est glissé par la vitre brisée n'a dû trouver ni liquide ni bijoux en or facilement monnayables et s'en est allé. Il ne me reste plus qu'à balayer et faire venir un serrurier.

Mon frère aîné s'inquiète au début de l'hiver. Il faut vendre cette maison dont l'entretien coûte cher et qui se délabre avec le froid. Sinon, nous devrons remplir la cuve de mazout et chauffer. Dépenses et travaux seront lourds, il trouve plus judicieux de mettre en vente.

Certes, nous avons perdu l'illusion de ramener parfois notre mère dans sa maison : dans les premiers temps, lorsqu'elle gardait un peu de conscience, peut-être aurait-elle reconnu sa vie passée, les lieux aimés, mais la ramener ensuite à la maison de retraite aurait provoqué un arrachement. Mieux valait la laisser dans l'oubli. Par la suite, tout transport se serait révélé impossible, elle ne quittait plus le fauteuil roulant, et même le kiné avait renoncé à la faire marcher. Mais la maison, c'est elle, c'est notre relation à elle. La vendre, c'est déjà renoncer, tourner la page avant l'heure. Il faut pourtant que nous nous y résignions !

Et c'est à moi, la première arrivée auprès d'elle, qu'il revient de lui parler de la vente ! Je m'assieds à côté de son fauteuil pour me pencher au plus près de son oreille, j'évoque la maison, elle ne réagit guère. Je m'enhardis à parler de cette nécessité de la vendre, mais ma voix trahit mon émotion, je ne suis pas loin des larmes. Et soudain son regard qu'elle tourne vers moi exprime une détresse, comme une lueur de compréhension et de frayeur. Je la serre dans mes bras et me mets à pleurer. Peut-être sa détresse ne fait-elle que répondre à mon désarroi, comment savoir ? La vente est impossible... Nous ne pouvons lui infliger cette souffrance !

C'est à ce moment que mon frère arrive. Mais je n'ai pas le temps de dire quoi que ce soit : à sa suite, entrent un notaire et l'homme d'affaires de la famille qui la connaît bien et qui s'émeut de la voir dans cet état de délabrement. Je leur dis qu'à mon avis, elle a compris notre intention, et qu'elle souffre. Mais les papiers sont prêts, ils sont venus pour lui faire signer la procuration. On lui tend un stylo. À la surprise générale, elle le tient, elle essaie de signer maladroitement, et on voit s'esquisser les premières lettres de son nom de naissance : du Authier. Le notaire lui demande de signer de son nom d'épouse, puis de parapher les autres pages. Mais là, elle ne sait plus. Ou elle ne veut plus savoir. Dieu merci, elle a renoncé. Elle est repartie dans son ailleurs. Absente. Le stylo lui tombe des mains. La vente ne se fera pas. Tous se rendent compte du désastre dans lequel elle est plongée. On regrette maintenant l'insistance à obtenir d'elle sa signature.

Il reste cependant une autre possibilité, nous dit-on : demander sa mise sous tutelle. Le notaire nous explique la démarche. Cela nous paraît trop violent. Nous renonçons. La maison sera sienne tant qu'elle vivra.

Des fleurs sur elle

Dans la nuit d'avril, à la veille d'un Samedi saint, l'orage bourdonne à travers l'espace. Je l'entends depuis la chambre de la clinique où j'ai dû subir une opération. Le souci me taraude : je reste plusieurs semaines sans voir ma mère ! Et je sais qu'elle, de son côté, a chaviré. Depuis quelques jours, menacée d'occlusion, elle a retrouvé l'hôpital. De nouveau, les sondes et perfusions.

Je crois soudain, loin d'elle, qu'elle meurt. Ma cousine l'a visitée voici quelques heures. J'ai frémi lorsqu'elle m'a dit au téléphone : « Je l'ai trouvée méconnaissable. » Elle lui avait porté des fleurs. La mère a voulu les prendre et les a répandues sur elle.

C'est pour cela que je crois sa dernière heure venue. Pour ces fleurs jetées avant l'heure. Pour ma faiblesse et ma peur. Pour cet orage peut-être. L'électricité dans l'air provoque un curieux phénomène : la rampe de néon proche de mon lit s'éclaire soudain d'elle-même, très faiblement dans l'obscurité, puis, deux minutes plus tard, s'éteint. Court-circuit.

Je pleure. Elle mourra seule, sans que je lui tienne la main ! Je ne peux rester dans mon lit, j'erre dans le couloir. Une infirmière surgit, qui tente gentiment de me consoler.

Noyée

Méconnaissable ? Inconnaissable. Je l'ai vue à mon tour : les yeux grands ouverts, elle ne m'a pas vue, ou pas reconnue.

Ce sont des yeux de noyée, perdue dans l'immensité des eaux, ces eaux qui l'ont roulée si loin, du fond de l'océan. Elle regarde fixement sans voir ou sans savoir, comme depuis l'au-delà, ayant épuisé toutes les apparences du monde, tout vu, tout connu, une bonne fois pour toutes. J'ai beau lui dire : « Je suis ta fille », aucune lueur ne s'allume dans ce regard fermé qui semble dans son silence un muet reproche. Un si farouche reproche. De quoi ? De ce qu'elle vit encore, ou de ce que le monde existe ailleurs, résiste ailleurs, sans relation aucune avec elle. Reproche d'une vie finie qui lui colle la peau, et d'une autre qui ne s'est pas ouverte. Ne s'ouvrira jamais ? Se dit-elle : Etait-ce cela, la mort ? Etre au monde sans y être... Nous ne saurons plus rien car elle s'est rendue muette à jamais.

Elle suit du regard blanc l'étrange étrangère, s'étonne peut-être de la caresse ou du baiser, ou, privée de toute pensée, toute sensation, ne fait que dériver, plus loin, encore plus loin. Hors de portée.

Mots pièges

Il y aura pourtant une fin. Quand ce récit se terminera, lorsque je n'aurai plus rien à en dire, ce sera parce qu'elle sera morte. J'ai déjà trop décrit cette lente agonie. Alors j'ai peur, je ne veux pas finir ce livre. Je maudis l'instant où j'ai décidé de l'écrire. Les mots même se méfient ou se font piège. Cela donne :

Sa mort viendra *clore* ce livre à peine éclos.
Chlore... Vision de mon père mort. Des chambres lavées à l'eau de javel...

Elle va mourir avant que *tombe* la neige.
Tombe, etc.

Alors j'emmène les mots se promener ailleurs. Venez au bord de la mer, là où tout recommence, vous retremper d'espoir. Rien ne presse, je vais laisser dormir ce livre sur la plage. Quelques pages, ce n'est rien qu'un peu de mots qui bruissent derrière moi. Je les regarderai plus tard, après. Après sa mort, sans comprendre. Tout aura changé. Il me faudra écrire vite et violemment face au vacarme du monde. Quand cette mère derrière moi ne sera plus...

Accouchement

Après les sens qui se sont fermés, ce sont toutes les fonctions du corps qui sont frappées d'inertie. Elle passe de brancard en brancard, d'hôpital en clinique. Elle est ici ? Non, elle est là, suivant les semaines. Aucun hôpital ne guérit plus. On fait semblant de réparer un peu, pour qu'elle reparte ailleurs. Que je te pousse et te pousse, pompe et pompe, vide, remplisse. On l'évacue comme une noyée que l'on rejette dans le courant. Les yeux toujours fixant la mort. Sent-elle ? Ne sent-elle pas ?

Mais le cœur est le résistant absolu. A résisté aux guerres, aux maternités, aux deuils, aux jouissances, aux génuflexions. Il ne comprend pas l'injonction du corps flétri. Elle avait eu beau, des années durant, appeler la mort, elle était bien loin de vouloir disparaître.

Je voudrais qu'on te ramène dans la maison de toujours. Je me coucherais de tout mon long sur toi, pressant comme le doit tout pressoir, jusqu'au tréfonds, comme le disait la grande presseuse de nos enfantements : « Poussez, allez-y, poussez encore, encore" », pressant ce cœur de se rendre à l'évidence, je serais la première terre où t'enfouir, je t'accoucherais de ta mort, ma mère.

Des anges

Il y aura une solennité. Nous serons là, tous là, rassemblés autour d'elle, sentinelles étonnées de son silence. Son visage ne sera plus le même, tendu à la recherche d'un autre souffle. Maman, n'aie pas peur, ne te retourne pas.

Personne n'osera plus lui dire de rester. L'un de nous lui tiendra la main sans la retenir. Des anges viendront et ils emporteront son âme toute petite à tire d'aile. Il y aura une telle légèreté que nous en demeurerons surpris.

Après, son corps sera là, tout simple, abandonné comme une décalcomanie, et il ne faudra pas s'étonner de ne voir plus que cette dépouille. Tous les humains de tous les temps ont pris soin de ces corps sans vie, ces corps délaissés qu'il faut rendre à la terre. L'odeur de la mort emplira la chambre. Il ne faudra pas trop pleurer.

Nous étions endormis

Ce n'est pas ainsi qu'elle s'en est allée. Mais des semaines plus tard, des semaines interminables où elle résistait, le regard dur comme pierre ou terriblement absent. Elle est morte pendant qu'à l'aube nous nous étions endormis.

Elle était alors devenue d'ivoire jaune, une vraie momie, petite comme un enfant. Elle demeurait, depuis quelques jours, dans l'infirmerie de la maison de retraite, immobile, absente, proie des escarres. Désormais on lui injectait de la morphine. Nous avons fait venir un prêtre pour l'extrême-onction puisque telle aurait été sa volonté. Elle ne parut pas consciente de ce qui se passait, mais qui sait ?

L'avant-veille de sa mort, comme étrangement elle semblait enfin émerger par vagues en ma présence, j'ai pris ses mains dans les miennes, et nous sommes restées les yeux fixés, les siens emplis d'interrogation, les miens pour lui crier : « Je suis avec toi, n'aie pas peur. La mort est comme un doux passeur, il mettra ses pouces sur tes tempes, ses mains sur tes yeux, et t'emportera. Tu resteras la bouche ouverte, étonnée d'être allée au-delà de ce corps. N'aie pas peur. » Et je retenais mes larmes.

Au petit matin, on m'a dit que c'était fini. J'ai vu mon frère aîné courbé sur elle, vieilli d'un coup, la mâchoire serrée. J'avais vu, deux jours plus tôt, mon plus jeune frère éclater en sanglots, tandis qu'on enterrait son beau-père dans la Sarthe, et que je lui disais doucement, devant la tombe fraîchement ouverte, je lui disais à l'oreille : « Je ne peux pas rester, on me rappelle d'urgence à Paris : notre mère est aux dernières extrémités. »

Elle est partie à l'aube, c'étaient bien les dernières extrémités. Elle avait résisté si longtemps.

La maison

Après la messe, avant de prendre avec le fourgon mortuaire la route du Limousin, nous nous sommes rassemblés, toute la famille, y compris les lointains cousins perdus de vue, une foule dans le salon et la salle à manger de Longjumeau, où j'avais dressé la table, mis la plus belle nappe blanche, disposé un bouquet, offert café, biscuits. Tous refoulant nos pleurs.

Des mois plus tard, une dernière fois, les plus proches réunis autour des objets et des livres, pour se les partager, nous avons fait nos adieux à notre vie d'enfance, à ces lieux aimés. Les morts restaient près de nous. Nous prenions leur place tout autour de la table, mais la mémoire de leur présence flottait sur ce dernier repas. Nous avons étalé les quelques trésors, les verres en cristal, les couverts d'argent, quelques reliques. Je pris la miniature de la Belle Aïssé. Mon plus jeune neveu choisit un pauvre chandail rouge framboise que notre mère à tous s'était tricoté et il enfouit son visage dans son odeur.

Nous avons retrouvé, sur la table ronde auprès de son fauteuil, le dessin la représentant sur son âne : elle l'avait fait, quelques années plus tôt, à l'intention de mes petites-filles, trait d'union entre son enfance et la leur. Aussi fut-il photocopié pour chacune d'elles.

Des mois plus tard, la grande maison fut vendue. Il nous fallut trier dans les papiers entassés au fil des jours, hors de tout dossier, en vrac, mais, dans un tiroir, je découvris une enveloppe contenant les lettres d'amoureux de mes parents. Un échange épistolaire qui ne dura apparemment que durant les trois mois séparant leur rencontre de leur mariage. Ils se vouvoyaient encore, s'exprimaient pudiquement. Leur écriture bien reconnaissable, les appréhensions, le souci de ce qui arrive à l'autre, une tendresse retenue... Je les ai rangées dans un petit coffret de cuir rouge que je possédais sans l'avoir jamais utilisé, comme si je ne l'avais acheté que pour contenir un jour ce trésor. Je les sens mieux réunis dans ce coffret que dans leur tombe commune.

J'ai recueilli les photos. Au dos de celle qui les immortalisait au pied de l'arbre, jeunes amoureux, j'ai découvert que mon père avait écrit : « Il y a plus de quarante ans que cette photo a été prise… et on s'aime toujours autant. 6 mars 1977. » Pourquoi cette date, je l'ignore. En dessous, bien des années plus tard, ma mère, avait ajouté d'un crayon tremblant qui trahissait son grand âge : « Avant la guerre ». Leur amour était né sept ans avant la Seconde guerre. Repère vague mais tenace : cela qu'elle ne datait plus qu'à peu près et dont elle ne parlait plus, n'était pas encore effacé.

Tous les meubles vidés, ma fille et moi nous avons nettoyé la grande maison, du sous-sol meurtrier jusqu'aux combles, soulevant des flots de poussière. Chaque salle vidée résonnait fort. Je ne me rappelle pas si le sang se voyait encore dans la buanderie.

Peu à peu, comme La Bretèche, ce lieu deviendra hors d'atteinte pour ma mémoire improbable. Déjà, des mois durant, je ne suis plus arrivée à me souvenir du nom de la maison de retraite, ni du village où elle se trouvait. C'était comme une cicatrisation. L'oubli.

Mémoire de la mer

N° ISBN : 978–2–35209–121–9
N° EAN : 9782352091219

Achevé d'imprimé en France pour le compte d'InLibroVeritas.net en
2008